마른땅 가운데 굳게서라

마른 땅 가운데 굳게 서라
예배하고 노래하는 자들을 위한 영성 훈련 가이드

초 판 1쇄 2025년 11월 03일

지은이 오성진
기획자 전양건
펴낸이 류종렬

펴낸곳 미다스북스
본부장 임종익
편집장 이다경, 김가영
디자인 윤가희, 임인영
책임진행 이예나, 김요섭, 안채원, 김은진

등록 2001년 3월 21일 제2001-000040호
주소 서울시 마포구 양화로 133 서교타워 711호
전화 02) 322-7802~3
팩스 02) 6007-1845
블로그 http://blog.naver.com/midasbooks
전자주소 midasbooks@hanmail.net
페이스북 https://www.facebook.com/midasbooks425
인스타그램 https://www.instagram.com/midasbooks

ⓒ 오성진, 미다스북스 2025, *Printed in Korea*.

ISBN 979-11-7355-553-4   03230

값 18,500원

※ 파본은 구입하신 서점에서 교환해드립니다.
※ 이 책에 실린 모든 콘텐츠는 미다스북스가 저작권자와의 계약에 따라 발행한 것이므로 인용하시거나 참고하실 경우 반드시 본사의 허락을 받으셔야 합니다.

미다스북스는 다음세대에게 필요한 지혜와 교양을 생각합니다.

예배하고 노래하는 자들을 위한
영성 훈련 가이드

마른땅 가운데 굳게서라

오성진 지음

Be the Center

미다스북스

"Be the Center"

하나님이 일하실 그 자리에,
흔들리지 말고, 피하지 말고, 도망치지 말고,
그분의 말씀 위에 굳게 서십시오.
그때 바다는 갈라지고,
하나님의 구원이 시작됩니다.

추천사

말씀 위에 세워지는 예배 사역

    이 책은 CCM 사역자이자 예배인도자인 오성진 목사가 오랜 예배 사역 경험을 바탕으로, 교회 찬양팀 설립과 운영의 실제적인 과정을 세밀하게 담아낸 서적이다.

    특히 저자는 전반부 여호수아서, 후반부에서 성경의 여러 본문을 텍스트로 삼아, 정기적으로 진행해 온 예배 찬양팀의 말씀 훈련 내용을 수록하였다. 여타의 예배 안내서들에서는 쉽게 접하기 어려운, 교회 예배 찬양팀이 겪는 현실적인 어려움들을 현장감 있게 다루고 있다.

    찬양팀에서 대부분 성도는 은혜로 사명을 감당하지만, 사역에 치여 초심과 영적 균형을 모두 잃은 경우도 있다. 이러한 팀원들을 보듬는 것은 쉬운 일이 아니다. 예배의 주도자이신 성령님을 인정하고, 그분께 자기를 온전히 맡겨야 음악과 영성 사이에서 균형감 있는 찬양 사역으로 성도들과 함께할 수 있다.

저자는 이러한 주제들을 무게감 있게 다루며, 나아가 삶의 예배가 곧 예배 사역의 연장선임을 명료화하며, 사역자이자 성도로서 우리가 거룩한 삶을 살아가도록 당부하고 있다.

소금과 빛으로 살아가는 삶, '자발적 헌신'과 '사명감'은 아무리 어렵고 힘들어도 마음을 다해 지켜야 한다. 저자는 이것을 포기하지 않을 때 신앙의 값진 열매가 맺힌다는 사실을 성경 말씀을 바탕으로 풀어내고 있다.

결론적으로 저자는 예배는 삶이고 삶은 예배의 연장이라는 사실을 계속 상기시키며, 독자들에게 예배 사역의 성숙만큼이나 삶과의 균형이 중요함을 강조하고 있다. 또한 음악적 달란트와 하나님 말씀이 조화롭게 자리하는 팀이 가장 이상적인 찬양팀이 될 수 있다는 사역 모델을 제시하고 있다.

마지막으로 저자는 복음의 핵심인 십자가와 부활의 메시지가 사역의 중심임을 잃어버리지 말아야 함을 경고한다.

필자는 이 책을 각 교회의 찬양팀 인도자와 팀원, 더불어 모든 예배자가 함께 읽고 나눌 수 있는 '예배 사역 교재'로 활용할 것을 추천한다.

우원식 목사
여의도순복음교회 목사, 전 한세대 교수, 선교사

들어가는 글

"하나님의 말씀 안에서
답을 찾으세요."

1989년 11월 어느 토요일, 서울 용산의 작은 건물 3층에서 '젊은 예수들의 축제'라는 찬양집회가 열렸습니다. 해마다 중·고등부 친구들을 초청해 함께 찬양하고 예배하던, 우리 교회만의 특별한 축제였습니다. 당시 중학교 2학년이던 저는 그날 행사에서 찬양 인도를 맡아, 몸에도 맞지 않는 기타를 둘러메고 열심히 찬양을 부르고 있었습니다.

"주님을 찬양하오니 주님을 경배하오니 왕이신 예수여 오셔서 좌정하사 다스리소서"[1]

이 찬양을 부르던 순간, 온몸에 강력한 전율이 밀려왔습니다. 이전에 전

---

1 〈예수 우리 왕이여(Jesus, We Enthrone You)〉, Paul Kyle(폴 카일), 1980, Kingsway's Thankyou Music, 《21세기 새찬송가》 38장 수록

혀 경험해 보지 못한 느낌이었습니다. 예배당 전체가 뿌연 안개 같은 것으로 덮인 듯했고, 몸은 마치 공중에 떠 있는 듯했으며, 눈물이 흐르고 감동이 밀려왔습니다. 너무도 선명하고 생생한 경험이라, 36년이 지난 지금도 그 현장이 눈에 보입니다. 그때 저는 처음으로 찬양 사역자의 삶을 살겠노라 결심하고 하나님께 서원했습니다. 그리고 지난 27년간 찬양 사역자, 예배 인도자로 예배의 현장을 섬기며 걸어왔습니다.

오랜 시간 제 관심은 "어떻게 하면 찬양을 통해 우리가 드리는 예배가 하나님께 더 깊이, 더 감동적으로 올려질까?"였습니다. '예배 사역을 통한 예배의 변화', '예배자로서의 찬양팀원 자기 발견'을 꿈꾸며 사역했지만, 현실은 녹록지 않았습니다. 새로운 교회에 부임해 팀원들과 열심히 음악을 연습하고 교제하며 최선을 다해 찬양을 인도했습니다. 그러나 순간의 감동은 있었지만, 그것이 '변화'라 부를 만큼 지속되진 않았습니다. 그저 '분위기 좋은 팀', '열심히 하는 팀'이라는 평가가 전부였습니다.

"왜 늘 제자리일까? 내가 사역자로서 부족한 걸까? 악기나 장비 때문일까? 팀원들이 음악 전공자가 아니라서일까? 교회 지원이 부족해서일까?" 수많은 질문이 저를 짓눌렀습니다.

그러던 중 목사 안수를 받고 설교를 준비하면서 답을 찾게 되었습니다.

> "하나님의 말씀은 살아 있고 활력이 있어 좌우에 날 선 어떤 검보다도 예리하여 혼과 영과 및 관절과 골수를 찔러 쪼개기까지 하며 또

| 마음의 생각과 뜻을 판단하나니" (히브리서 4:12)

'음악만으로는 감동은 줄 수 있어도 변화는 일어나지 않는다.'
 이 사실을 깨닫고, 찬양팀의 연습 시간을 쪼개어 말씀을 나누기 시작했습니다. 어떤 날은 음악 연습보다 말씀 나눔에 더 많은 시간을 쏟기도 했습니다.

 몇 달이 지나자 놀라운 변화가 나타났습니다. 팀원들이 변하기 시작했고, 간증이 이어졌으며 헌신자가 생겨났습니다. 예배 현장의 분위기가 달라지고, 성도들이 은혜를 경험했다는 고백이 들려왔습니다. 부임 당시 피아노 반주자 한 명과 집사·권사님 네 분 정도로 시작했던 찬양팀이, 말씀 나눔 이후 단 몇 달 만에 25명 이상이 주중과 주일 공예배를 섬기는 팀으로 성장했습니다. 전적인 하나님의 은혜였습니다. 현장에서 하나님의 일하심이 눈에 보였습니다.

 이후 또 다른 교회로 부름을 받아 사역을 이어갔습니다. 상황은 비슷했습니다. 다만 사람이 조금 더 많을 뿐이었습니다. 첫 모임부터 말씀 나눔을 시작했고, 역시나 놀라운 변화가 이어졌습니다. 팀원들의 간증과 고백, 헌신, 팀의 성장….

 그러던 어느 날, 찬양팀의 서기로 섬기던 집사님이 그동안의 말씀 나눔을 정리한 원고를 보내왔습니다. 바로 이 책의 기획자 전양건 집사님입니다.

"목사님, 이거 책으로 냈으면 좋겠습니다. 제가 기획과 수정은 다 맡을 테니, 목사님은 늘 하시던 대로 말씀만 준비해 주세요."

찬양팀이 하나님의 말씀 위에 세워지고, 팀원들이 말씀으로 바로 설 때 하나님은 그 팀을 반드시 사용하십니다. 음악 전공자가 아니라도, 얼마든지 찬양을 통해 성도들에게 큰 영향력을 미칠 수 있습니다.

왜냐하면 예배 사역은 '내가 하는 것'이 아니라, 나를 도구로 세우시는 성령님의 역사이기 때문입니다.

처음 찬양팀에 서는 분들, 오랜 시간 찬양팀에 있었지만 늘 제자리라는 생각이 드는 분들, "나는 은혜가 되는데 왜 성도들은 감동이 없지?"라는 고민을 하는 분들, 어떻게 팀을 훈련해야 할지 막막한 리더들, 그리고 건조한 마음으로 서 있는 찬양팀원들에게 이 책을 권합니다.

하나님의 말씀 안으로 들어오십시오. 그 안에 답이 있습니다.

2025년 9월
오성진 목사 드림

기획자의 글

회복의 길, 기쁨의 찬양

저는 10여 년 동안 교회 찬양팀에서 싱어로 섬겨왔습니다. 몸이 아프거나 특별한 일이 아니면 빠지지 않고 성실히 섬겼다는 나름의 자부심이 있었고, 한 분야에서 꾸준히 섬겨왔다는 만족감도 있었습니다.

그 중심에는 언제나 '나' 자신이 있었습니다. 하나님이 나의 찬양을 어떻게 받으시는지는 중요하게 생각하지 않았습니다. 하나님을 믿는다고 하면서도, 예수님을 영접했다고 하면서도 여전히 '나'의 관점으로 하나님을 바라보고 있었던 것입니다.

그런 저에게 변화가 찾아온 것은 1년 반 전, 새로 부임하신 오성진 음악목사님의 훈련이 기점이 되었습니다.

기존의 찬양팀 훈련과는 전혀 달랐습니다. 예배 시작 전에 잠깐 모여 기도하고, 그날의 곡을 한 번씩 맞춰보던 방식에서 벗어나, 먼저 팀의 정체성을 분명히 하기 위해 찬양팀의 이름을 '안디옥 워십'으로 명명하시고, 찬양팀의 체계적인 시스템을 세워 나가셨습니다.

그리고 예배 전 1시간 30분 일찍 모여 말씀 교육으로 훈련을 시작하셨는데 단순히 보컬이나 연주 훈련이 아닌 말씀으로 세워지는 시간이었습니다.

처음에는 낯설고, 이렇게까지 해야 할 필요가 있을까 하는 의문도 들었지만 시간이 흐를수록 그 훈련은 제 안에 깊은 변화를 일으켰습니다. 예배를 드리는 태도, 믿음의 본질, 신앙하는 하나님을 바라보는 관점까지 말씀을 통해 다시 세워지기 시작했습니다. 팀원들 한 사람 한 사람도 변화되었고, 그 열매는 공동체 안에서 다양한 모습으로 나타나기 시작했습니다. 그 이야기들은 이 책 속에 고스란히 담겨 있습니다.

저는 매주 진행되는 말씀 교육의 귀한 내용을 정리해 찬양팀 단톡방에 나누기 시작했습니다. 글이 어느 정도 모였을 때, 이 은혜를 우리 팀만 누리기에는 너무 아깝다는 생각이 들었습니다. 그래서 오성진 목사님께 책 발간의 취지를 설명해 드렸고, 목사님은 기존의 묵상에 더해 27년간의 목사님이 쌓아 오신 모든 경험과 말씀을 바탕으로 한 예배 찬양 사역의 철학, 그리고 자신의 신앙 고백까지 더해 새로운 글을 써주셨습니다.

글들을 다시 정리하는 과정에서 저는 또 한 번 말씀의 실제적인 능력을 경험했습니다. 예를 들어, 「인위적 장벽을 넘어라」를 정리할 때, 여호수아가 여리고 성을 무너뜨렸던 것처럼 제 삶의 문제를, 의지를 가지고 말씀에 적용하자 실제로 제 안의 '여리고 성'과 같은 장벽이 무너지는 은혜를 경험했습니다.

저를 회복의 길로 안내한 것은 말씀이었습니다. 말씀으로, 말씀 때문에, 제 삶에는 감동과 위로, 치료와 도전 그리고 희망이 일어났습니다.

이렇게 말씀 위에 서서 삶을 주님께 드리고 찬양을 올려드릴 때, 하나님은 기쁨으로 그 찬양을 받아주신다는 것을 알게 되었고, 지금도 경험하고 있습니다.

이 책을 읽는 독자 한 분 한 분이 말씀을 삶에 적용할 때 나타나는 하나님의 놀라운 능력을 경험하길 바랍니다. 이 책이 회복의 길로, 기쁨의 찬양을 드리는 예배자의 삶으로 인도하는 귀한 통로가 되기를 소망합니다.

전양건 집사
전 한국도자재단 큐레이터

큐레이터로 활동하며 전시 기획과 교육 프로그램 개발에 힘써왔으며, 예술과 교육, 기획과 실행을 아우르는 전문성을 바탕으로 이번 책의 기획을 맡았다. | wocek102@gmail.com

추천사   005
들어가는 글   007
기획자의 글   011

1장 여호수아에게 듣는다

01	마음 *Mind*	025
02	기준 *Standard*	031
03	유숙의 지혜 *Look Forward To*	036
04	반드시 언약궤를 메라 *Qualification*	041
05	성결케 하라 *Decide*	047
06	백성에 앞서 나아가라 *Leader*	051
07	발을 담그라 *Faith*	057
08	마른 땅 가운데 굳게 서라 *Be the Center*	062
09	나의 길갈 *Base Camp*	076
10	인위적 장벽을 넘어라 *Artificial Barriers*	080
11	선한 영향력 *Good Influence*	096
12	실패의 원인을 해결하라 *Turning Point*	105
13	리더십 *Leadership 1*	111
14	보이는 것의 함정 *Trick*	121
15	믿음의 힘 *Power of Faith*	126
16	이 산지를 내게 주소서 *Faithfulness*	134

목차

2장 하나님이 찾으시는 예배자

17	어깨로 메는 일 *Devotion*	143
18	임재 *Presence*	154
19	한계를 넘어서라 *Pathbreaking*	159
20	거절 *Rejection*	166
21	선한 싸움을 싸우라 *Spiritual Warfare*	172
22	능력 *Leadership 2*	182
23	열매 *Fruit*	190
24	성장 *Grow*	196
25	결핍 *Deficiency*	204
26	하나님이 사용하시는 사람 *The Story of Gideon*	208
27	동역자 *Co-Worker*	214
28	반전드라마 *Reversal*	222
29	항행 *Navigation*	227
30	흔적 *Marks*	235
31	1%의 탁월함 *Passion*	239
32	그리 아니하실지라도 *Even If He Does Not*	245
33	아벨의 예배 *Abel's Worship*	253

부록 길잡이

01 예배	265
02 예배 찬양팀 (역대상 25장)	269
03 예배 찬양팀 구성	272
04 회칙	278
05 곡 선정 Tip	283

에필로그 287

†

"그러므로 나의 사랑하는 자들아

너희가 나 있을 때뿐 아니라

더욱 지금 나 없을 때에도

항상 복종하여 **두렵고 떨림으로**

너희 구원을 이루라"

빌립보서 2장 12절

"Be the Center"

하나님이 일하시는 역사의 한복판,
기적이 일어나는 현장의 중심에는
언제나 그분의 음성에 순종하며
믿음으로 선 사람이 있었습니다.

예배 찬양 사역

1장
여호수아에게 듣는다

여호수아에게
듣는다

1장

여호수아서는 모세의 뒤를 이어 이스라엘 백성의 지도자가 된 여호수아가 하나님께서 약속하신 젖과 꿀이 흐르는 땅 '가나안'을 정복해 나가는 이야기입니다.

여호수아서 말씀 속에 등장하는 '가나안'은 오늘을 살아가는 우리에게는 하나님께서 약속하신 '하나님의 나라'를 의미합니다. 가나안 땅의 정복 과정은 '하나님께서 약속하신 것을, 사람을 통해 어떻게 이루어 가시는지, 그리고 끊임없이 마주하는 장애물과 대적 앞에서 어떻게 그것을 넘어서고 이겨 내게 하시는지를 선명하게 알 수 있는' 안내서입니다.

하나님께서 허락하신 비전을 이루기 위해 첫걸음을 내딛는 우리의 걸음은 이제 막 가나안을 향해 걸음을 떼는 여호수아의 걸음과도 같습니다.

현장에서 마주하는 대부분의 교회 찬양 사역의 현실은 소규모로 구성된 찬양팀은 있으나 그 사역에 있어서 기복이 있거나, 오랜 시간 변화 없이 정체된 채, 점차 소모되는 상황 속에 지치고 약화해 가는 경우가 많습니다. 혹은 은혜로운 예배를 드리고 싶지만, 찬양팀을 어떻게 세워가야 할지 몰라 어려움을 겪는 곳도 많습니다.

"우리 교회는 찬양은 정말 좋아하는데 전공자가 없어서 봉사자 중심으로 진행해요. 음악을 좋아하는 청년 몇 명이 주축이 돼서 나름대로 열심히 섬기고는 있는데, 다들 학생이고, 직장인이다 보니 꾸준히 서는 게 쉽지 않아요. 저희도 이름 있는 찬양팀들처럼, 멋지게 하고 싶지만, 교회 재정도 부족하고 악기나 음향이 뒷받침되지 않아 어려움이 많아요. 목사님, 찬양 사역 자시잖아요. 노래하는 법 좀 잘 알려주세요~!"

현장에서 자주 듣게 되는 이야기들입니다.

늘, 음반과 매체를 통해 음악적 전문성과 완성도 있는 '찬양 사역'은 많은 이들의 선망이 됩니다. 그러나 막상 그 현장이 지금 내가 섬기는 교회가 되었을 때, 현실은 막막하고 답답함을 느끼게 됩니다. 그리고 예배(찬양) 사역을 단순히 **기능적인 부분으로만** 이해함으로써 하나님의 일하심을 스스로 제한하는 안타까운 일들도 생깁니다.

예배 사역(Worship ministry)일까요, 음악 사역(Music ministry)일까요?

우리가 하는 사역의 정체성을 명확히 아는 것은 매우 중요합니다.

예배 중 회중 찬양은 음악을 도구로 사용하지만, 본질은 '예배 사역'입니다.

이 구분이 중요한 이유는, 영어로 찬양을 표현하는 단어인 praise와 worship 모두 예배를 뜻하기 때문입니다. **찬양은 곧 예배입니다.** 따라서 찬양하는 모든 이들은 먼저 하나님 앞에 자신을 드리는 **진정한 예배자**가 되어야 합니다. 음악은 우리가 하나님께 드리는 예배의 한 부분일 뿐입니다.

나는 좋은 예배자인가?
나는 좋은 성도인가?

이 문제가 먼저 해결되어야 건강한 찬양팀이 세워질 수 있습니다. 좋은 찬양팀은 사역을 통해 하나님의 능력이 나타나며 선한 영향력을 끼치게 됩니다. 하나님께서는 그 도구인 찬양팀을 사용하셔서 일하시기 때문입니다.

찬양팀이 하나님의 사람들, 예배자들로 채워질 때, 그들의 연주는 하나님의 큰 능력으로 역사합니다.

> 하나님께서 부리시는 악령이 사울에게 이를 때에 다윗이 수금을 들고 와서 손으로 탄즉 사울이 상쾌하여 낫고 악령이 그에게서 떠나더라 (사무엘상 16:23)

모든 해답은 하나님의 말씀 가운데 있습니다.

이제 우리는 여호수아가 '가나안'을 정복해 갔듯이, 하나님이 기뻐하시는 예배를 섬기는 아름다운 예배(찬양) 사역팀을 함께 세워갈 것입니다.

여호수아가 과정마다 마주한 문제 앞에서 어떻게 반응했고, 하나님 앞에 어떤 태도로 나아갔으며, 어떻게 성장해 갔는지 그 모습을 통해, 우리도 하나님이 맡기신 사명을 감당하며 살아가는 성도로서 그리스도인의 삶을 돌아보고, 점검하며, 다시 배워야 할 것입니다.

#01

마음 *Mind*

하나님께 드리는 예배 가운데 일정 부분의 역할을 감당하는 예배(찬양)사역자로 서게 될 때, 두려움과 떨림을 경험하곤 합니다.

평소에는 성도로서 앞을 향해 예배하던 우리가, 이제는 반대편에서 회중을 바라보며 섭니다.

"사람들이 나를 어떻게 볼까? 난 노래도 잘 못하는데…. 나 같은 사람이 이렇게 앞에 서도 될까?"

예배 사역의 자리에 누가 서 있는 것일까요?

"나인가, 아니면 하나님이 사용하시는 도구인가?" 스스로에게 물어야 합니다.

400년이 넘는 세월 동안 애굽에서 노예로 살던 이스라엘 백성을 하나님의 기적으로 이끌어낸 인물. 40년간 광야에서 그들을 이끌었던 위대한 지도자 모세. 그 뒤를 이어 약속의 땅으로 인도하는 '백성의 지도자'가 된 여호수아.

그에게 주어진 책임과 그가 느낄 부담감은 얼마나 큰 두려움이 되었을까요?

누구나 불안하고, 연약할 수 있습니다.
하지만 하나님은 여호수아에게 이렇게 말씀하십니다.

> **강하고 담대하라** 너는 내가 그들의 조상에게 맹세하여 그들에게 주리라 한 땅을 이 백성에게 차지하게 하리라 (여호수아 1:6)

무엇을 강하고 담대하게 해야 할까요?
바로 '**마음**'입니다.

현재의 개역 개정 성경과 히브리어 원문에는 '마음'이라는 단어가 표기되어 있지 않으나, 히브리어 원문을 보면 마음에서 일어나는 '두려움'을 다루는 구절로, 과거 한글 개역 성경에서는 이렇게 기록되었습니다.

"마음을 강하게 하라 담대히 하라."

결국 강하고 담대해지라는 하나님 명령의 핵심은 '마음'입니다.

마음이 중요합니다.

애굽 왕 바로는 하나님이 내리신 재앙을 경험하고, 마지막 열 번째 재앙 때엔 자기 아들까지 잃었음에도, 결국 '**마음**'이 완악해져(출애굽기 14장 4절) 군대로 하여금 다시 이스라엘 백성들의 뒤를 따르게 했습니다.

또한, 모세의 설교가 기록된 '신명기'의 주제도 "**마음**과 뜻과 힘을 다하여 여호와를 사랑하라."는 것입니다.

신약에서도 예수님을 시험하고자 가장 중요한 계명을 묻는 바리새인 율법사의 물음에 예수님께서 이렇게 말씀하십니다.

> 예수께서 이르시되 네 **마음**을 다하고 목숨을 다하고 뜻을 다하여 주 너의 하나님을 사랑하라 하셨으니 (마태복음 22:37)

구약에서 '마음'을 의미하는 히브리어 단어는 '레브(בל)'입니다.
레브라는 단어는 단순히 감정이나 생각만을 담지 않습니다.
한 인간으로서의 존재하는 중심, 의지, 내면, 지성과 영혼까지 포함하는 **전인격적이고 포괄적인 단어**입니다.

마음이 중요한 이유가 있습니다.
마음은 우리가 예수님을 영접해야 하는 자리이기 때문입니다.
신앙을 담는 그릇이 바로 마음입니다.

영접

예수님을 믿는다는 것은 무엇일까요?

요한복음 1장 12절은 이렇게 선언합니다.

영접하는 자 곧 그 이름을 믿는 자들에게는 하나님의
자녀가 되는 권세를 주셨으니

예수님을 믿는다는 것은 내 마음으로 예수님을 영접한다는 것입니다.

'영접한다'는 말은 히브리어로 카발(קבל), 헬라어로 람바노(λαμβάνω)라고 합니다.

'카발'이라는 단어는 스스로 의지적으로 이뤄야 하는 마음이 내포되어 '완전히 예수님을 마음에 가졌다.'를 뜻합니다.

'람바노'라는 단어는 '실제로 우리가 예수님을 영접했다. 내 안으로 받아들였다.'라는 뜻입니다.

영접하는 자란 예수님의 이름을 믿는 자입니다.
(영접=믿음)

영접은 마음으로 받아들이는 것입니다.
받아들이려는 수용적 태도, 행동이 있어야 합니다.

> 내가 예수님을 만나고, 체험했어도 예수님을 마음으로 받아들이는 것이 참된 영접입니다.
> 예수님을 나의 마음 안에 받아들이려는 결단과 실질적인 노력은 중요합니다.
>
> 신약시대에 예수님을 만난 두 부류가 있었는데 무리와 제자입니다.
> 무리는 예수님을 보고, 기적을 목격하고, 알지만, 예수님을 마음에 받아들이지 않았습니다. 이것은 예수님을 단순히 아는 것입니다.
> 제자는 자신의 모든 것을 내려놓고, 예수님을 마음의 주인으로 받아들이고 좇은 사람들입니다.
> 예수님을 아는 것과 받아들이는 것은 분명히 다릅니다.
> 예수님을 영접해야 하나님의 자녀가 되는 권세가 주어지며, 나 중심에서 하나님의 자녀로 정체성이 변화될 수 있습니다.
>
> 이 영접이 이루어지고, 중심에 예수님이 모셔지는 곳이 바로 마음입니다.

하나님께서는 여호수아를 백성의 지도자로 세우시면서, 두려울지도 모르고, 자신의 연약함으로 인해 움츠러들지도 모르는 그를 향해, '마음'을 강하고 담대하게 하라고 명령하십니다.

마음의 가장 깊숙한 곳이 예수님으로 채워져야 합니다.
예수님을 나의 구주로 영접하고, 하나님의 자녀(성도)가 되어야 합니다.

우리를 구원하시고, 온 세상의 창조자가 되시는 우리 예수님이 우리를 예배 가운데, 그리고 그분의 사역 가운데 세우셨습니다. 이 마음을 강하게 움켜잡고, 담대히 걸어가십시오.

†

"어떤 **마음**을 품고 사느냐가
그의 태도를 결정합니다.
그 태도는 어떤 사역을 하게 될지를 결정합니다.
그러므로 사역의 열매를 보면,
그 사람의 생각이 무엇인지 드러납니다.
그것은 결코 숨겨지지 않습니다."

#02

기준 *Standard*

올림픽 정식 종목인 기계체조의 평균대 경기는 길이 5m, 폭 10cm, 높이 120cm의 좁은 막대 위에서 펼쳐집니다. 선수들은 평지에서도 쉽지 않은 다양한 동작을 선보이며, 가장 높은 점수를 받는 선수가 메달을 받게 됩니다.

그렇다면, 이 좁은 평균대 위에 설 때 가장 기본적으로 요구되는 감각은 무엇일까요?

여러 가지의 기본 요소가 있겠지만, 결코 빼놓을 수 없는 것이 **균형감각**입니다. 균형을 잡는 일은 비단, 평균대 경기에서만 중요한 것이 아니라, 신앙인의 삶과 사역을 섬기는 데에도 꼭 필요한 요소입니다.

> 오직 강하고 극히 담대하여 나의 종 모세가 네게 명령한 그 율법을 다 지켜 행하고 **우로나 좌로나 치우치지 말라** 그리하면 어디로 가든지 형통하리니 (여호수아 1:7)

이스라엘 백성의 새로운 지도자로서 사역을 시작하는 여호수아에게 하나님께서는 '우로나, 좌로나 치우치지 말라'고 명령하셨습니다. 그리고, 그렇게 행할 때 형통할 것이라고 약속하십니다.

여기서 '형통'이란 하나님이 허락하시는 길이 열린다는 의미입니다.

하나님과 세상, 감정과 이성, 직장과 가정, 교회와 가정, 공적인 일과 사적인 일…. 우리는 이처럼 대비되는 모든 상황에서 균형을 잡고 살아가고 있나요?

우리는 정확한 기준 안에서 균형 있게 사역해야 합니다.

찬양도 중요하지만, 예배를 이루는 요소들(기도, 말씀, 교제)과의 균형이 필요합니다.

사역도 중요하지만, 사람도 중요합니다.
나의 헌신도 중요하지만, 타인의 헌신도 중요합니다.
모든 것이 어울림을 가지고, 균형을 이루며 하나님의 일하심이 펼쳐지는 곳.

작게는 가정에서부터 시작되어
내가 헌신하는 찬양팀, 부서, 각 기관,
그리고 넓게는 교회요, 하나님이 창조하신 세상까지 확장됩니다.
이러한 균형 속에서 사역과 신앙의 방향이 정해지고, 걷게 되는 길이 열립니다. 그것이 형통입니다.

우로나, 좌로나 치우치지 않기 위해서는 바른 기준이 필요합니다.
우리는 그 기준을 어디에 두어야 할까요?

> 그 율법을 다 지켜 행하고 (여호수아 1:7)

하나님의 말씀.

이것이 바로 우리 삶의 기준이 되어야 합니다.
균형 있는 사역, 균형 있는 삶은 말씀이라는 기준을 통해 완성됩니다.

찬양, 사역, 신앙, 삶의 모든 영역에서 하나님의 말씀이 기준이 아니면 반드시 문제가 발생합니다. 말씀이 중요합니다.

성경은 살아계신 하나님께서 지금 우리에게 하시는 말씀입니다.
모세에게 율법을 주셨던 것처럼, 오늘 우리에게는 성경을 통해 말씀하십니다.

시편의 기자는 이렇게 고백합니다.

> 주의 말씀은 내 발에 등이요 내 길에 빛이니이다 (시편 119:105)

이사야 선지자는 이렇게 선언합니다.

> 풀은 마르고 꽃은 시드나 우리 하나님의 말씀은 영원히 서리라 하라 (이사야 40:8)

말씀을 균형의 중심에 두기 위해 늘 성경을 묵상하고, 나누십시오.

성경의 모든 말씀은 지금 나에게 하시는 하나님의 말씀입니다.
찬양팀에게 주시는 말씀이며, 사역의 방향이 열리는 통로입니다.

찬양 중에도 자신의 감정에 치우치지 말고, 찬양하는 회중을 바라보며 하나가 되어 함께 예배를 이루고 있는지 살펴야 합니다.
사역도 중요하지만, 교회와 가정, 학업과 사업, 직장 등 삶의 다양한 영역에서의 균형도 중요합니다.
그리고 이 모든 삶의 시작에 하나님의 말씀이 놓여야 합니다.

오늘, 지금부터 성경을 펴십시오.
수시로 말씀을 읽고,
그 말씀에 중심을 두며

삶에 적용하고 실천하며 살아가야 합니다.

교회에서 하는 모든 사역은 **말씀에 기반**을 두어야 합니다.
말씀 없는 사역은 모래 위에 지은 집과 같습니다.

> 이 율법책을 네 입에서 떠나지 말게 하며 **주야로 그것을 묵상하여** 그 안에 기록된 대로 다 지켜 행하라 그리하면 네 길이 평탄하게 될 것이며 네가 형통하리라 (여호수아 1:8)

#03

유숙의 지혜 *Look Forward To*

분주한 삶 가운데
나도 모르게 흘러가는 시간 앞에
잠시 멈춰 서 봅시다.

열정적으로 앞만 보며 달려온 시간 앞에
혹시 놓치고 있는 것이 없는지
잠시 생각해 봅시다.

여호수아와 이스라엘 백성들은 가나안을 향해 여정을 시작합니다.
그들은 싯딤을 떠나,
가나안과 경계를 이루는 요단강 앞에 이르게 됩니다.

요단강을 건너면 약속의 땅, 가나안이 시작됩니다.

하지만 그 앞을 가로막은 요단강은 결코 만만한 장애물이 아닙니다.
약 200만 명에 달하는 이스라엘 백성이 강을 건넌다는 것은 쉬운 일이 아닙니다.

요단강은 자연이 만든 거대한 장벽이었습니다.
그 거대한 장벽을 마주한 여호수아가 가장 먼저 한 일은 무엇이었을까요?

바로 '**건너지 않고 유숙한 일**'입니다.

> 또 여호수아가 아침에 일찍이 일어나서 그와 모든 이스라엘 자손들과 더불어 싯딤에서 떠나 요단에 이르러 **건너가기 전에 거기서 유숙하니라** (여호수아 3:1)

나에게 환경적인 어려움이 닥쳤을 때,
급히 결정을 내려야 할 것 같은 상황 속에서
내가 해결하려고 온갖 방법과 노력으로 애쓰고 있나요?

그러나 이때 필요한 것은 **하나님의 방법을 구하며 머무는 시간**,
바로 '**유숙**'의 시간입니다.

우리가 잘 알고 너무나 사랑하는 『사도행전』은
사도 바울의 동역자이자 의사인 '누가'에 의해서 기록된 성경입니다.

이 책은 예수님의 생애와 사역, 그리고 초대 교회의 시작과
성령의 역사를 담고 있습니다.
특히 마가 다락방에 모인 제자들이 성령을 경험한 장면은
사도행전의 핵심적인 사건입니다.
그 첫 장에서, 우리는 매우 중요한 말씀을 접하게 됩니다.

> 사도와 함께 모이사 그들에게 분부하여 이르시되 예루살렘을
> **떠나지 말고** 내게서 들은 바 아버지께서 약속하신 것을 **기다리라**
> 요한은 물로 세례를 베풀었으나 너희는 몇 날이 못되어
> **성령으로 세례를 받으리라** 하셨느니라 (사도행전 1:4~5)

바로 **예루살렘에 유숙**하라, 그리고 **성령을 기다리라 하신 것**입니다.

그렇습니다. 유숙은 멈춤이 아니라
하나님이 일하시는 방법을 기다리는 시간입니다.

사역은 우리의 힘으로 감당할 수 없습니다.
헌신은 내가 하고 싶은 일을 하는 것이 아니라,
하나님이, 그리고 그분이 세우신 교회가 필요로 하는 일에 사용되고 동원
되는 것입니다.

사역자로서 우리 앞에 요단강과 같은 장벽이 놓일 때,
선명한 하나님의 방법이 보일 때까지,

우리는 가만히 하나님의 일하심을 구하고, 기다리며, 경험해야 합니다.

> 이르시기를 너희는 가만히 있어 내가 하나님 됨을 알지어다
> 내가 뭇 나라 중에서 높임을 받으리라
> 내가 세계 중에서 높임을 받으리라 하시도다 (시편 46:10)

우리 걸음의 주인이 되시는 하나님의 자리가 반드시 배려되어야 합니다.

군대의 지도자이기도 했던 여호수아는 요단강 앞에서
용맹한 군사들을 동원해 강을 건널 방법을 찾을 수도 있었지만
서두르지 않았습니다.

그는 **유숙**한 후, **사흘 후**에 움직입니다.

> 사흘 후에 관리들이 진중으로 두루 다니며 (여호수아 3:2)

사역하며 만나는 요단강 앞에서,
잠시 멈추고 **청종의 자세**를 가져보세요!
열정이 하나님의 시간보다 앞서면 교만이 될 수 있습니다.
하나님의 일하심을 기다리십시오.

"하나님! 오늘 저에게 무엇을 말씀하시겠습니까?"
"말씀하소서, 듣겠습니다."

하나님이 우리 일의 주인이 되시고,
그분이 말씀하시면 그때 우리가 일할 시간입니다.

#04

반드시 언약궤를 메라 *Qualification*

모세와 이스라엘 백성은 애굽을 떠나 광야에서 40년을 보냈습니다.

40년 동안 그 여정의 중심에는 하나님의 임재를 상징하고, 제사(예배)의 중심인 성막(회막)이 있었습니다. 그들은 성막을 중심에 두고 행진했고, 또 멈췄습니다.

성막의 가장 깊은 곳인 지성소에는 언약궤가 놓여 있었습니다.

언약궤 안에는 세 가지의 증거물이 담깁니다.

싹 난 아론의 지팡이

이스라엘 백성들이 아론과 그의 제사장직에 대해 불평하고 반발하자, 하나님은 아론과 레위 지파를 제사장으로 선택하셨음을 기적으로 확증하십니다. 이 사건을 통해 하나님의 주권과 선택하심을 기억하게 하셨습니다.
→ 불순종에 대한 하나님의 응답, 그리고 주권의 선언

하나님의 계명이 새겨진 두 돌판

백성들이 금송아지를 만들고 우상숭배 함으로 언약을 깨뜨렸을 때, 하나님은 은혜로 다시 언약을 새기셔서 돌판을 주심으로 언약을 회복하고, 그 신실하심을 재확인하게 하셨습니다.
→ 언약 파기에 대한 은혜로운 회복

만나를 담은 금 항아리

광야에서 백성들이 애굽의 음식을 그리워하며 불평할 때, 하나님은 하늘에서 만나를 내려 주시며 매일의 공급과 보호를 약속하셨습니다.
→ 불평 속에서도 베풀어진 하나님의 인도와 돌보심의 상징

이 세 가지는 각각 하나님을 향한 인간의 불순종, 교만, 불평을 상징합니다. 하나님께서는 연약함과 죄를 범함이 깊게 스며진 세 가지의 물건을 언약궤 안에 두시고, 그 위를 속죄소로 덮으셨습니다.

이는 우리의 연약함과 죄악을 사하시고, 세상 끝 날까지 우리와 함께하신 다는 하나님의 약속이자, 능력과 은혜, 임재의 상징이며 더 나아가 예수 그리스도의 십자가 사건을 예표하는 것입니다.

그것이 바로 언약궤입니다.
요단강 앞에 멈춰 선 백성들에게 하나님께서는 말씀하셨습니다.
"제사장들이 언약궤를 멘 것을 보거든, 그 뒤를 따르라."

> 백성에게 명령하여 이르되 너희는 레위 사람 제사장들이 너희 하나님 여호와의 언약궤 메는 것을 보거든 너희가 있는 곳을 떠나 그 뒤를 따르라 (여호수아 3:3)

요단강이라는 자연의 장벽을 건너기 위해서는, 반드시 언약궤를 멘 제사장들을 따라야 했습니다.

구약시대, 이동식 성막으로 시작된 하나님의 처소는 솔로몬 시대에 처음 성전으로 지어졌고, 이후 전쟁으로 무너질 때마다 재건되어 결국 예루살렘에 성전으로 자리 잡게 됩니다. 그러나 예수님이 오신 이후, 하나님이 거하시는 성전은 더 이상 건물이 아니라, 우리 각 사람으로 옮겨졌습니다.

이제 제사장은 다른 누군가가 아닌, 바로 나 자신입니다.

> 너희는 너희가 하나님의 성전인 것과 하나님의 성령이 너희 안에 계시는 것을 알지 못하느냐 (고린도전서 3:16)

내가 하나님의 성전입니다.
우리는 제사장을 따르는 성도이자 동시에
마음의 성전에서 드려지는 제사를 주관하는 제사장이 되었습니다.

> 그러나 너희는 택하신 족속이요 왕 같은 제사장들이요 거룩한 나라요 그의 소유가 된 백성이니 이는 너희를 어두운 데서 불러 내어 그의 기이한 빛에 들어가게 하신 이의 아름다운 덕을 선포하게 하려 하심이라 (베드로전서 2:9)

구약시대의 예배는
제사장이 하나님께 위임받아 백성을 대신하여 드리는 제사였다면,
오늘날의 예배는 우리가 제사장이 되어,
예수 그리스도의 주 되심을 고백하며,
은혜에 감사하고, 믿음과 삶으로 드리는 '영적인 제사'입니다.

예배(찬양) 사역자는 하나님의 임재를 상징하는 언약궤를 메고 살아가야 합니다.

나의 연약함, 불순종, 죄악이
예수 그리스도로 인해 속죄되었고,

이제 새로운 피조물로 살아가고 있나요?

그 은혜를 기억하며, 감격으로 찬양하고, 예배하고 있나요?

하나님의 임재하심에 대한 확신, 삶의 예배. 이것이 언약궤를 메는 것입니다.

음악을 잘하는 것보다

언약궤를 메는 것이 먼저입니다.

예배자가 되는 것이 먼저입니다.

단순히 앞에 서서, 좋은 연주와 목소리로 노래한다고 해서 회중이 따라오지 않습니다. 제사장의 어깨 위에 언약궤가 메어졌을 때, 회중은 움직이기 시작합니다. 그리고 요단강이라는 자연의 장벽을 향해 함께 걸음을 딛기 시작합니다.

지금, 우리 교회에서 부르는 찬양, 예배에 감동이 없다고 느껴지시나요? 회중이 우리의 찬양을 무덤덤하고, 건조하게 바라보고만 있나요?

찬양의 시간,

예배의 시간,

은혜를 받지 못하는 회중은 없습니다.

언약궤를 메지 않고, 은혜를 경험하지 못한 제사장과 찬양팀이 있을 뿐입니다.

우리는 회중에게 은혜를 주고, 영향을 줄 만큼 신앙이 성숙하거나 완전하지 않습니다.

우리는 그저 연약한 사람들일 뿐입니다.

나의 연주가, 나의 노래가, 나의 헌신이
'회중에게 은혜를 준다.'라는 교만은 내려놓으십시오.

은혜는 하나님께서 베푸시는, 하나님의 몫입니다.
우리는 다만 하나님 앞에서, 회중 앞에서, 언약궤를 메고 서기만 하면 됩니다.

언약궤 앞에 설 때, 우리는 겸손해질 수밖에 없습니다.
우리의 연약함과 죄를 덮으시고 임재하시는 하나님 앞에,
남는 것은 오직 은혜에 대한 감사뿐입니다.

지금. 언약궤를 메고 걸어갑시다.

#05

성결케 하라 *Decide*

성결해지기 위해 노력하지만, 매번 실패하는 자기의 모습에 낙심하고 있나요?

> 여호수아가 또 백성에게 이르되 너희는 **자신을 성결하게 하라** 여호와께서 내일 너희 가운데에 **기이한 일들을 행하시리라**
> (여호수아 3:5)

하나님께서는 자연의 장벽인 요단강을 건너려는 여호수아와 백성을 향해 '성결하게 하라'고 명령하십니다.

'자신을 성결하게 하라.'는 히브리어 원어 '히트카데슈(הִתְקַדָּשׁוּ, hitqa-ddāšû)'는 하나님께 바쳐진 것은 거룩하고 신성해야 한다는 의미를 담고 있습니다.

'성결'은 거룩하신 하나님의 속성입니다.

이는 인간 자신의 노력으로는 절대적으로 불가능한 영역입니다.

우리 힘으로는 성결해지는 것이 불가능합니다.

그런데도, 성경은 우리에게 '**자신을 성결하게 하라**'고 명령합니다.

하나님께서는 우리가 할 수 없는 일을 하라고 하시는 분인가요?

그렇지 않습니다.

다니엘은 스스로 겸비하게 하기로

결심하던 첫날부터 **하나님의 응답**을 받았습니다.

> 그가 내게 이르되 다니엘아 두려워하지 말라 네가 깨달으려 하여 네 하나님 앞에 스스로 겸비하게 하기로 **결심하던 첫날부터** 네 말이 **응답** 받았으므로 내가 네 말로 말미암아 왔느니라 (다니엘 10:12)

'성결하게 하라.'는 의미는 '세속적인 것에서부터 자신을 분리하기로 결단하라.'는 의미입니다.

자연의 장벽을 넘기 위해서,

삶과 사역 속에서 하나님의 기이한 기적을 경험하기 위해서,

먼저, 하나님의 사람으로서 성결하게 살기로 마음을 정하는 결단이 중요합니다.

하나님을 따르는 삶을 살겠다고
성결한 삶을 살아가겠다고 결단할 때
하나님의 응답과 놀라운 일들이 일어납니다.

지금. 결단합시다.

"하나님! 내 힘으로는 이룰 수 없지만, 살아계신 하나님의 능력을 의지하여 성결하게 되기를 원합니다."

Prayer

내가 주인 삼았던 나를 내려놓습니다.

나의 경험과 지식을 기준으로 하나님의 일을 판단하고,
여전히 세속적인 가치관과 욕망으로부터
나를 분리하지 못했습니다.

주님의 기쁨보다는 나의 만족을 더 우선으로 삼고,
나의 재능과 신앙을 자랑하려는 마음을
완전히 버리지 못했습니다.

나를 드러내기 위해, 사역을 이용할 때도 있었습니다.
나를 용서해 주시고,
주님의 성품을 닮아 성결하게 하옵소서!

나를 만지소서!
거룩하신 예수님의 이름으로 기도드립니다. 아멘!

#06

백성에 앞서 나아가라 *Leader*

요단강 앞에 선 이스라엘 백성과 여호수아!

여호수아는 한 개인으로서, 그리고 이스라엘 공동체의 리더로서
요단강이라는 자연의 장벽을 넘어야 했습니다.

> 여호수아가 또 제사장들에게 말하여 이르되 **언약궤를 메고**
> 백성에 앞서 건너라 하매 곧 언약궤를 메고 **백성에 앞서 나아가니라**
> (여호수아 3:6)

여호수아의 명령에 따라
언약궤를 멘 제사장들은 백성보다 **앞에서** 요단강을 향해 나아갑니다.

'백성보다 앞에서'

흔히 공동체의 리더는 '팀을 이끄는 사람'이라고 생각합니다.

하지만 크리스천 리더는 다릅니다.

서 있는 위치는 가장 앞이지만, 뒤의 백성들을 이끄는 주체인가, 아니면 그보다 더 앞에서 인도하시는 하나님께 제일 먼저 순종하는 종인가를 돌아봐야 합니다.

여호수아와 백성을 이끄신 분은 하나님이셨습니다.

하나님은 여호수아를 지도자(리더)로 세우셨고, 그를 통해, 공동체의 나아갈 방향과 해야 할 일을 지도하시고, 이끄셨습니다.

제사장들도 마찬가지입니다.

하나님의 위임을 받은 여호수아의 명령에 따라, 순종하며 움직입니다.

여호수아를 통해 하나님께서는 제사장들에게, 백성들보다 앞에서 먼저 사역의 현장 안으로 움직일 것을 명령하십니다. 하나님의 지시에 순종할 것을 명령하십니다. 그들이 먼저 움직이면, 백성들은 그 뒤를 따릅니다.

여호수아도 리더이고, 제사장들도 리더입니다.

하나님의 주관 아래에서 인류의 역사는, 그분이 세우신 리더들을 통해 진행됐습니다.

리더가 된다는 것은, 하나님의 인도하심에 먼저, 민감하게 반응하고, 그 반응으로 백성들을 이끄는 것입니다.

> **여호수아를 통해 보는 크리스천 리더**
>
> - 하나님과 백성들 사이에서 백성의 가장 앞에 서 있는 사람
> - 먼저, 기도하며 말씀을 구하는 사람
> - 먼저, 말씀에 청종(듣고, 따르고)하는 사람
> - 말씀을 통한 하나님의 요구가 명확할 때 지체 없이 행동하는 사람
> - 말씀의 능력 앞에 먼저 자신을 낮출 줄 아는 사람
> - 말씀 가운데 자신의 연약함과 죄가 드러날 때 즉시 엎드려 인정하고, 회개하는 사람

크리스천 리더는 예배와 사역을 이끌어가는 사람이 아니라,
예배와 사역의 가장 앞에서 하나님의 말씀에 따라 움직이는 사람입니다.
그러면, 백성들은 그런 리더의 모습을 바라보고, 따라갑니다.

세상 가운데도 마찬가지입니다.

하나님은 우리를 창조하시며, 정복하고 다스리라고 말씀하셨습니다.
세상의 가운데서 사람들 속에 살아가지만, 마음으로는 세상 사람들보다 더 앞에 서 있는 리더라는 의식을 가져야 합니다.

> 하나님이 그들에게 복을 주시며 하나님이 그들에게 이르시되 생육하고 번성하여 땅에 충만하라, **땅을 정복하라**, 바다의 물고기와 하늘의 새와 땅에 움직이는 **모든 생물을 다스리라** 하시니라
> (창세기 1:28)

세상의 문화와 가치에 따라 흘러가는 대로 그 뒤를 따라 살아가는 삶이 아니라, 하나님이 세우신 리더로서의 정체성을 가지고, 살아야 합니다.

예수님께서도 우리에게 빛과 소금이 되라고 말씀하셨습니다.

> 너희는 **세상의 빛**이라 산 위에 있는 동네가 숨겨지지 못할 것이요 (마태복음 5:14)

> 너희는 **세상의 소금**이니 소금이 만일 그 맛을 **잃으면** 무엇으로 짜게 하리요 후에는 아무 쓸 데 없어 다만 밖에 버려져 사람에게 밟힐 뿐이니라 (마태복음 5:13)

리더의 삶은 하나님을 알지 못하고, 예수님을 영접하지 않은 세상의 사람들이 추구하는 가치와 욕망을 따라서 사는 삶이 아닙니다.

성도는 교회와 세상의 사람들 앞에서 자신의 삶을 통해
예수 그리스도가 온 우주를 다스리시는 주인이시며,
우리의 유일한 구원자이심을 증명하는 '그리스도의 증인'으로 살아야 합니다.

> 오직 성령이 너희에게 임하시면 너희가 권능을 받고
> 예루살렘과 온 유대와 사마리아와 땅 끝까지 이르러 내 증인이 되리라 하시니라 (사도행전 1:8)

예수님을 나의 구주로 영접할 때, 비로소 나의 존재 목적이 발견되고 참된 행복이 시작된다는 사실을 사람들이 알 수 있도록 해야 합니다.

> 예수께서 또 말씀하여 이르시되 나는 세상의 빛이니
> 나를 따르는 자는 어둠에 다니지 아니하고 생명의 빛을 얻으리라
> (요한복음 8:12)

> 예수께서 이르시되 내가 곧 길이요 진리요 생명이니
> 나로 말미암지 않고는 아버지께로 올 자가 없느니라
> (요한복음 14:6)

예수님께서 십자가에 고난과 죽음과 부활하심을 통하여 우리를 구원하시며, 이 세상을 밝히시는 빛이요, 우리가 따라 걸어가야 할 길이라는 복음을 전해야 합니다. 이것이 우리의 역할이고, 우리를 리더로 세우신 목적입니다.

이제 내가 서야 할 위치는 어디일까요?

백성의 앞에서 먼저,
예수 그리스도를 따라 제자의 삶을 살아가는 '본'이 되는 삶.
이것이 하나님께서 우리에게 요구하시는, **세상의 리더로서 '증인된 삶'**입니다.

누가 가기 때문에 따라가는 것이 아니며,

많은 사람이 선택한 길이니 무조건 옳다고 여겨 걷는 것이 아닙니다.

분명한 믿음을 가지고
백성 앞에서 먼저 나섰던 제사장들처럼,
세상의 가운데서 당당히 하나님 앞에 서는 크리스천 리더가 됩시다.

우리의 인생과,
우리가 드리는 예배와,
예수님을 위해 헌신하는 사역도 하나님이 이끄십니다.

그 앞에 복음의 증인으로 섭시다!

#07

발을 담그라 *Faith*

인생을 살아가며, 사역을 감당하며, 우리가 자주 마주하게 되는 것은 '어려운 문제들'입니다.

여호수아와 이스라엘 백성들도 가나안과의 경계에서 그들을 가로막는 '자연의 장벽', 요단강을 만났습니다. 그들은 반드시 이 강을 안전하게 건너야 했습니다.

이 문제 앞에서 유숙했고, 언약궤를 메었으며, 제사장들은 백성보다 앞서 나아갔습니다. 모두 여호수아를 통해 하나님께서 가르치시고, 말씀하신 방법이었습니다.

그런데 요단강 앞에 섰을 때, 물은 그들이 건너기 좋게 갈라지지 않았습니다. 오히려 물이 넘쳐흘러 도저히 건널 수 없을 만큼 수위가 높았습니다.

이스라엘 백성은 어떻게 요단강을 건넜을까요?
문제 앞에서 길이 열리기만을 기다리고 있나요?

> 요단이 곡식 거두는 시기에는 항상 언덕에 넘치더라 궤를 멘 자들이 요단에 이르며 궤를 멘 제사장들의 **발이 물가에 잠기자**
> (여호수아 3:15)

언약궤를 멘 제사장들의 발이 물에 잠기는 순간, 요단강의 물이 갈라졌습니다.

여기서 상황을 조금 더 자세히 살펴봐야 합니다.

'제사장들의 발이 물가에 잠기자'

언약궤를 옮길 때는 궤의 네 모서리에 끼운 채를 어깨에 메어 운반했습니다. 언약궤를 중심으로 앞뒤에 제사장들이 서 있었습니다.

성경은 가장 앞에 선 제사장의 발이 닿자, 물이 갈라졌다고 말하지 않습니다. 그 대신 '제사장들의 발이 물가에 잠기자'라고 기록합니다.
이 표현을 통해 우리는, 가장 뒤에 선 제사장의 발까지 물에 닿는 그 시점에 물이 갈라졌을 가능성을 엿보게 됩니다.

그렇다면, 가장 앞에 선 제사장의 행동을 주목해야 합니다.

가장 앞에 선 제사장은, 강물이 여전히 흐르고 있는 그 순간에 어떻게 반응했는가?

아직 길이 있었던 것이 아닙니다.

물이 멈추지 않았습니다.

눈앞에는 여전히 출렁이는 요단강뿐이었습니다.

그런데도, 그는 믿음으로 물에 발을 디뎠습니다.

믿음은 이미 열려 있는 길을 걷는 것이 아니라,

아직 열리지 않은 길 앞에서도 한 걸음을 내딛는 용기입니다.

우리의 모습을 돌아보아야 합니다.

우리는 요단강을 건너게 해달라고 간절히 기도하면서,

막상 그 길이 안전하게 열리기만을 기다리고, 기대하고 있는 것은 아닐까요?

가장 앞에 선 언약궤를 멘 제사장은 '자칫 강이 갈라지지 않을지도 모른다.'라는 상황 속에서 하나님을 믿고, 생명의 위협을 감수하고 걸음을 내디뎠습니다.

그의 걸음은 **'믿음의 영역'**입니다.

이러한 **절대적 믿음**은 이스라엘 백성을 구해냈던 에스더 왕비에게도 나타납니다.

이스라엘 백성이 하만의 계략으로 죽음의 위기에 처했을 때, 왕비 에스더는 왕 앞에 나아갈 것을 결심합니다. 당시 왕의 부름 없이 왕에게 나아간다는 것은 사형에 처할 만큼 위험하고 중한 죄였습니다. 그럼에도 에스더 왕비는 왕을 향해 걸음을 옮기면서 담대하게 이렇게 선언합니다.

> 당신은 가서 수산에 있는 유다인을 다 모으고 나를 위하여 금식하되 밤낮 삼 일을 먹지도 말고 마시지도 마소서 나도 나의 시녀와 더불어 이렇게 금식한 후에 규례를 어기고 왕에게 나아가리니 **죽으면 죽으리이다** 하니라 (에스더 4:16)

결과는 에스더와 이스라엘 백성의 구원과 승리였습니다.

또한 맹인 바디매오의 이야기도 우리의 믿음을 돌아보게 합니다.

예수님께서 제자들과 허다한 무리와 함께 여리고를 떠나실 때, 디메오의 아들 바디매오는 큰 소리로 예수님을 불렀습니다. 사람들은 그를 말렸지만, 그는 아랑곳하지 않고 필사적으로 예수님을 부릅니다. 예수님은 그의 소리를 듣고, 그를 부르시며 이렇게 말씀하십니다.

> 예수께서 이르시되 가라 네 믿음이 너를 구원하였느니라 하시니 그가 곧 보게 되어 예수를 길에서 따르니라
> (마가복음 10:52)

그렇습니다.

절대적인 믿음이 자연의 장벽인 요단강을 가르고, 길을 열며, 기적을 일으킵니다.

사역자는 안 되는 상황 속에서 길이 열리기만을 기다리는 것이 아니라, **주님을 믿고, 먼저 발을 담가야 합니다.**

찬양팀이 처음부터 그럴듯한 모양새를 갖추기는 쉽지 않습니다.
음악에 재능 있는 사람도 없고, 연주를 능숙하게 할 줄도 모르고, 악기도 부족하며, 모든 것이 다 초라해 보일 수 있습니다.

하지만 분명한 것은, 하나님께서는 그분을 찬송하게 하시기 위해 우리를 창조하셨다는 것입니다. 하나님은 찬양받기를 기뻐하시고, 찬양하기를 원하는 자녀들을 세우십니다.

우리의 동기와 시선이 하나님께로 순수하게 향해 있다면,
하나님이 일하실 것을 믿고, 그분께 드려지는 찬양을 위해 먼저 발을 담그십시오.
그러면 가로막던 요단강이 갈라졌던 것처럼, 하나님이 기뻐하시는 사역의 길이 열릴 것입니다.

> 이 백성은 내가 나를 위하여 지었나니 나를 찬송하게 하려 함이니라 (이사야 43:21)

#08

마른 땅 가운데 굳게 서라
Be the Center

전라남도 진도, 인천의 실미도, 경기도 화성 제부도 등지에서는 조수 간만의 차로 바닷물이 빠지며 수심이 얕아지고, 그사이에 길이 드러나는 현상이 일어납니다. 사람들은 바다와 섬 사이에 길을 만들고, 바닷물이 빠져 길이 드러나면 그 길을 건넙니다. 그리고 이 현상에 '모세의 기적'이라는 이름을 붙입니다.

'모세의 기적'은 출애굽 당시, 홍해가 갈라졌던 '기적'입니다.

그렇다면 왜 이런 자연 현상에 성경 속 사건의 이름을 붙이는 걸까요?
그것은 그 장소를 특별한 곳으로 부각해, 관광객을 유치하고 지역 경제에 도움이 되게 하려는 상업적인 목적이 클 것입니다.
매체를 통해 이미 널리 알려진 국내의 '모세의 기적' 현장에 대해, 교회나 기독교계는 그다지 큰 관심을 보이지 않는 듯합니다.

홍해가 갈라진 사건.
모세와 그의 백성을 대적의 손에서 완전히 건져내신 하나님의 특별한 기적.

상업적 목적을 위해 사용된 이 표현에 특별히 문제를 제기하지 않는 이유를 조금 과장해서 생각해 보면, 어쩌면, 하나님의 기적을 '내 이해의 범주 안에서 해석하고 받아들이고 싶어 하기 때문은 아닐까요?

"그래, 조수 간만의 차로 잠시 바닷길이 열렸을 수도 있겠네."
"그럼, 바다가 갈라졌다고 할 수 있겠구나."

그러나 일정 시간만 바다가 열리는 조수의 흐름과 홍해가 갈라지고 물이 벽을 이루며 마른 땅을 건넌 '모세의 기적'은 다릅니다.
성경은 이 사건이 하나님의 능력에 의한 '기적'이었음을 분명히 말합니다.

이와 유사한 기적의 현장이 바로 여호수아서에 등장하는 요단강이 갈라지는 사건입니다.

> 여호와의 언약궤를 멘 제사장들은 요단 가운데 **마른 땅에 굳게 섰고** 그 모든 **백성이 요단을 건너기를 마칠 때까지**
> 모든 이스라엘은 그 마른 땅으로 건너갔더라
> (여호수아 3:17)

제사장들의 발이 물가에 잠기자, 요단강이 갈라졌고, 마른 땅이 드러났습니다. 주목할 점은, 여호수아 3장 17절에서 제사장들이 먼저 요단강의 마른 땅으로 들어섰지만 백성보다 앞서 건너지 않았다는 사실입니다.

제사장들은 요단강이 갈라지는 **기적의 현장, 한가운데**에 서 있었습니다.

하나님의 능력이 임하는 그 중심에 서 있었고, 그곳에 굳게 서서, 이스라엘의 모든 백성이 안전하게 다 건널 때까지 그 자리를 지켰습니다.

──────── 예배 사역자의 자리와 경계해야 할 것

요단강의 한가운데 마른 땅에 굳게 서 있는 제사장들처럼,

오늘날, 영적 제사장이 된 우리들은 가정과 세상의 한가운데에서,
하나님의 능력과 요단강의 기적을 실제로 바라보아야 합니다.
그리고, 헌신하며 섬기는 예배의 한가운데에서도 요단강의 **제사장들처럼 굳게 서 있어야 합니다.**
하나님의 임재와 말씀, 성령님의 역사가 이뤄지는 예배의 한가운데에서, 하나님이 세우신 제사장으로서, 함께 예배하는 성도들을 바라보며 그들이 충만한 은혜를 경험하기를 기도하며, 그 자리를 지켜야 합니다.

특별히 우리는 교회와 예배에서 어떤 사역을 맡게 되었을 때, 더욱 조심해야 합니다. 맡겨진 일을 잘 해내고 싶은 마음에, 이외의 모든 것에 소홀해질 수 있는 위험이 있습니다.

의식하지 않고, 마음을 다잡지 않으면 우리도 모르는 사이에 범하기 쉬운 실수들이 있습니다. 어떤 것들이 있을까요?

예를 들어, 오랫동안 식당 사역을 감당해 온 성도의 경우, 자칫 교회가 음식을 대접하는 곳으로만 여겨질 수 있습니다. 가장 중요한 교회의 의미가 '음식'과 '헌신'으로 채워지는 것입니다.

부서에서 오랫동안 교사로 봉사해 온 성도의 경우, 교회가 가르치는 곳이 될 수 있습니다. 부서에서 행사라도 있는 날이면, 자신의 예배보다 그 행사에 집중하는 모습을 어렵지 않게 보게 됩니다.

목회자도 예배에서 맡은 설교를 잘 전하고 싶은 마음에, 설교 이전의 예배 시간에 원고를 재검토하거나 해야 할 설교 내용을 복기하는 시간으로 흘려보내는 실수를 하기도 합니다.

찬양팀의 경우는 맡은 찬양 시간에는 최선을 다하지만, 이후 예배 시간에는 집중하지 못하거나 자리를 비우며 대충 그 시간을 보내버리는 경우도 보았습니다.

이 외에도 각 예배 위원, 차량 봉사자, 기관 교사, 식당 봉사, 새 가족부 등등…. 예배와 교회 공동체를 세워가는 귀한 자리임에도, 맡겨진 일에만 몰두한 나머지, 예배의 본질, 즉 자신의 예배에는 집중하지 못하는 일이 일어날 수 있습니다.

내가 맡은 역할만 수행하고 예배자라는 정체성은 놓쳐버리는 것을 우리는 경계해야 합니다.

──────── 예배의 본질, 예배자의 중심

예배의 특정 기능만 수행한다고 해서 그것이 곧 예배일 수는 없습니다.
봉사도 중요하고, 역할도 중요하지만, 이 모든 사역이 '예배자로서의 나'보다 앞설 수는 없습니다.

회중 가운데에서 예배자로서 중심에 서 있는 것.
이것이 예배(찬양) 사역자의 바른 모습입니다.

삶과 예배. 세상과 교회. 가정과 학교. 모든 자리에서 하나님의 기적이 일어나는 중심에 서야 함을 잊지 마세요!

우리는 지금 삶 가운데 요단강이 갈라지는 기적을 경험하고 있나요?
예배 한 가운데에 서서 성령의 능력을 경험하며 감격하고 계시나요?

삶의 모습과 **사역의 모습**은 **동일**해야 합니다.
삶과 예배 속에서 나를 만지시는 성령의 손길을 경험하세요.
기적을 경험하세요.

그 놀라운 은혜를 경험하면,

가정과 세상, 교회가 모두 하나님께 드리는 예배가 됩니다.

하나님을 높이고 찬양하는 노래가 영혼 깊은 곳에서부터 흘러넘칩니다. 우리의 시선이 닿는 모든 곳이 마른 땅으로 변합니다.

그때, 교회와 예배는 더 이상 종교적 장소, 형식적인 의식만 존재하는 장소가 아닌 하나님을 실제로 만나는 현장, 하나님의 기적이 살아 있는 현장이 될 것입니다.

그리고 나를 사용하시는 하나님의 놀라운 능력이 사역 가운데 나타날 것입니다.

요단강의 마른 땅은 **기적**이었습니다.
우리 역시 사역을 섬기기에 앞서 이 기적을 먼저 경험해야 합니다.
우리의 삶 한가운데서 일하시는 하나님의 기적과 능력을 사모합시다.

중심이 되다 _____ *Be the Center*

"모든 시선을 주님께 드리고 살아계신 하나님을 느낄 때
내 삶은 주의 역사가 되고 하나님이 일하기 시작하네"

– 〈시선〉 가사 중[2] –

'마른 땅 가운데'에 서야 한다는 것은
또 하나의 중요한 의미를 갖습니다.

하나님의 기적을 경험하고 그 한가운데 설 때,
나의 삶이 하나님의 역사가 됩니다.
내가 섬기는 사역이 하나님의 역사가 됩니다.

성경에서 하나님은 그분이 선택하신 인물들을 통해 역사를 만들어가셨습니다. 하나님께 선택받은 인물들은, 몇몇 사람들을 제외하고는 대부분 평범한 사람들, 때론 세상으로부터 외면받고 무시되고, 천하게 여겨지는 사람들이었습니다.

---

2 〈시선〉, 김명선, 2010, 《예수전도단 캠퍼스워십》

유대를 떠나사 다시 갈릴리로 가실새
사마리아를 통과하여야 하겠는지라

사마리아에 있는 수가라 하는 동네에 이르시니
야곱이 그 아들 요셉에게 준 땅이 가깝고
거기 또 야곱의 우물이 있더라 예수께서 길 가시다가 피곤하여
우물 곁에 그대로 앉으시니 때가 여섯 시쯤 되었더라

사마리아 여자 한 사람이 물을 길으러 왔으매
예수께서 물을 좀 달라 하시니
이는 제자들이 먹을 것을 사러 그 동네에 들어갔음이러라

사마리아 여자가 이르되 **당신은 유대인으로서 어찌하여 사마리아 여자인 나에게 물을 달라 하나이까** 하니 이는 유대인이 사마리아인과 상종하지 아니함이러라

예수께서 대답하여 이르시되 네가 만일 하나님의 선물과
또 네게 물 좀 달라 하는 이가 누구인 줄 알았더라면
네가 그에게 구하였을 것이요 그가 생수를 네게 주었으리라
여자가 이르되 주여 물 길을 그릇도 없고 이 우물은 깊은데
어디서 당신이 그 생수를 얻겠사옵나이까
우리 조상 야곱이 이 우물을 우리에게 주셨고 또 여기서 자기와
자기 아들들과 짐승이 다 마셨는데 당신이 야곱보다 더 크니이까

예수께서 대답하여 이르시되 이 물을 마시는 자마다
다시 목마르려니와
내가 주는 물을 마시는 자는 영원히 목마르지 아니하리니
내가 주는 물은 그 속에서 영생하도록 솟아나는 샘물이 되리라

여자가 이르되 **주여 그런 물을 내게 주사 목마르지도 않고
또 여기 물 길으러 오지도 않게 하옵소서**
이르시되 가서 네 남편을 불러 오라
여자가 대답하여 이르되 나는 남편이 없나이다 예수께서 이르시되
네가 남편이 없다 하는 말이 옳도다
너에게 남편 다섯이 있었고 지금 있는 자도 네 남편이 아니니
네 말이 참되도다
여자가 이르되 주여 내가 보니 선지자로소이다
우리 조상들은 이 산에서 예배하였는데 당신들의 말은 예배할 곳이
예루살렘에 있다 하더이다

예수께서 이르시되 여자여 내 말을 믿으라 이 산에서도 말고
예루살렘에서도 말고 너희가 아버지께 예배할 때가 이르리라
너희는 알지 못하는 것을 예배하고 우리는 아는 것을 예배하노니
이는 구원이 유대인에게서 남이라
**아버지께 참되게 예배하는 자들은 영과 진리로 예배할 때가 오나니
곧 이 때라 아버지께서는 자기에게 이렇게 예배하는 자들을
찾으시느니라**

> **하나님은 영이시니 예배하는 자가 영과 진리로 예배할지니라**
>
> 여자가 이르되 메시야 곧 그리스도라 하는 이가 오실 줄을
> 내가 아노니
> 그가 오시면 모든 것을 우리에게 알려 주시리이다
> 예수께서 이르시되 네게 말하는 내가 그라 하시니라
> (요한복음 4:3~26)

이 말씀은 예수님을 만난 '사마리아의 수가성 여인'과의 대화 장면입니다.
우물에 물을 길으러 오는 것조차 부끄러웠던 이방 여인.
당시 신앙의 중심지였던 예루살렘의 변방에서 늘 움츠리며 삶을 살아가던 여인.
아무도 주목하지 않았고, 누구의 관심도 받지 못했던 사람.

그 여인이 예수님의 부르심에 응답했을 때, 그녀는 **하나님의 역사 한가운데**에 서게 됩니다.
그 과정을 한번 살펴보겠습니다.

한낮, 아무도 물을 길으러 오지 않는 시간에 홀로 우물가에 나온 여인.
사람들의 시선과 수치를 피해 살아가던 그녀에게 예수님은 먼저 다가가 "물을 달라"고 말씀하십니다.

당시 유대인 남성이 사마리아 여인에게 말을 거는 일은 매우 이례적이었

고, 그 요청이 여인에게는 자격 없는 자에게 주신 놀라운 은혜처럼 느껴졌을 수 있습니다.

그러나 예수님은 단순히 물을 얻어 마시기 위해서만 다가오신 것이 아니었습니다. 예수님은 "네가 알았더라면 네가 도리어 내게 구하였을 것이며, 내가 생수를 주었으리라"고 말씀하십니다.
예사로운 말씀이 아닙니다.

그녀 안에 있던 목마름, 그리고 깊은 곳에 있는 예배에 대한 갈망을 정확히 짚으신 말씀입니다. 자신의 소망을 구해야 할 대상이 누구인지를 분명히 가르쳐 주신 순간입니다.

여인은 곧바로 예배에 관해 묻습니다.
"이 산에서 예배해야 합니까, 예루살렘에서 해야 합니까?"

이 물음에는, 마음 깊은 곳에 하나님을 알고 싶고,
진정으로 예배하고 싶은 사모함이 담겨 있습니다.

예수님은 이 질문에 대해, 장소가 아니라 태도가 중요하다고 말씀하시며, 이제는 "영과 진리로 예배할 때"가 왔다고 선포하십니다.

여인은 예수님과 만남의 현장, 한가운데에 서 있습니다.
이 대화의 말미에 나오는 요한복음 4장 23~24절은 오늘날 우리가 드리는 예배에 대해서도 어떤 태도를 가져야 하는지 분명하게 말씀하고 있는, 아주 중요한 본문입니다.

> 아버지께 참되게 예배하는 자들은
> 영과 진리로 예배할 때가 오나니 곧 이 때라
> 아버지께서는 자기에게 이렇게 예배하는 자들을 찾으시느니라
> 하나님은 영이시니 예배하는 자가 영과 진리로 예배할지니라
> (요한복음 4:23~24)

놀랍게도, 이 말씀은 학식이 풍부한 바리새인이나 서기관, 사두개인, 레위인, 그리고 '하나님의 백성'이라는 선민사상에 사로잡힌 유대인들과의 대화에서 나온 것이 아닙니다.

오히려 그 말씀은 그들이 상종조차 하지 않는, 사마리아 수가성의 한 우물가에서, 한 여인과의 대화 가운데 이 말씀이 선포됩니다.

겸손과 갈급함으로 응답하는 삶

여인의 태도를 보세요.

자신이 자격 없다는 것을 알고 있었지만, 자신에게 다가오시는 예수님을 피하지 않았습니다.
그녀는 외면할 수도 있었습니다.

자신의 목적인 필요한 물만 길어 돌아가 버릴 수도 있었습니다.
말을 걸어도 묵묵부답으로 일관할 수도 있었습니다.
그러나, 그녀는 예수님의 부름심에 응답했고, 묻고, 경청했습니다.

예수님과 여인의 이 대화는 지금까지도 큰 영향력을 끼치고 있습니다.

수많은 설교자에게 영감을 주고, 다양한 주제의 설교가 되어, 많은 성도에게 전해지고, 큰 울림이 되고 있습니다.

또한, 사마리아 수가성 여인과 같이, 가난하고, 소외된 성도들에게 큰 위로와 희망이 되는 말씀으로 소개됩니다.

> 여자가 이르되
> 메시야 곧 그리스도라 하는 이가 오실 줄을 내가 아노니
> 그가 오시면 모든 것을 우리에게 알려 주시리이다
> 예수께서 이르시되 네게 말하는 내가 그라 하시니라
> (요한복음 4:25~26)

그리고 이것은 메시아요, 그리스도이신 예수님께서 직접 그 자신의 정체성을 선포하신 말씀입니다.

얼마나 놀라운 현장입니까?

우리는 알아야 합니다.

**위대한 사람을 하나님이 사용하는 것이 아닙니다.
하나님을 만나는 그 사람이 위대해지는 것입니다.**

하나님은 사역팀의 규모나 화려함, 전문성에 주목하지 않으십니다.

수가성의 여인처럼, 겸손하고 가난한 마음으로, 하나님께 드리는 예배를 사모하며, 예수님과의 만남의 현장 한가운데에서 예수님께 묻고, 그 말씀을 듣는 사람.

전심을 다 해, 절박한 마음과 갈급함으로 예수님을 부르고,
찾아오시는 예수님의 부르심에 응답하는 바로 그 한 사람.

그 한 사람이 **하나님 역사의 중심**이 됩니다.

요단강의 마른 땅 한가운데 굳게 선 제사장들처럼, 우리도 하나님 기적, 예수님과의 만남의 현장, **그 중심에 서는 사람**이 됩시다.
하나님이 당신을 세우십니다.

하나님 역사의 중심으로.

#09

나의 길갈 *Base Camp*

에베레스트산(Mount Everest)은 해발 8,848.86m의 산으로, 히말라야 산맥의 최고봉이며 지구에서 가장 높은 산입니다.

수많은 산악인과 탐험가들이 이 산을 정복하기 위해 노력했고, 지금도 여전히 도전하고 있지만, 정복에 성공한 등반가들은 그리 많지 않습니다.

그만큼 높고 위험하기 때문입니다.

에베레스트를 정복하기 위해선 반드시 베이스캠프에서 대기해야 합니다. 일반적으로 네팔에 있는 남쪽 베이스캠프(5,364m)와 티베트의 북쪽 베이스캠프(5,150m), 이 두 곳 중 한 곳에서 등반을 준비하게 됩니다.

에베레스트의 정상을 가려는 사람들은 이 베이스캠프에 머물면서, 시시각각 변하는 기후 상황에 예의 주시하며, 도전의 순간(D-Day)을 기다립니다.

베이스캠프는 정복을 위한 출발점이자, 정복을 마치고 안전하게 돌아오는 장소가 됩니다.

여호수아와 이스라엘 백성들도 하나님의 기적으로 요단강을 건넌 후, 여리고 동쪽 경계에 있는 '길갈'에 진을 칩니다.

> 첫째 달 십일에 백성이 요단에서 올라와
> 여리고 동쪽 경계 길갈에 진 치매
> 여호수아가 요단에서 가져온 **그 열두 돌을 길갈에 세우고**
> (여호수아 4:19~20)

그리고, 가나안 땅 정복 전쟁을 마친 이후 **다시 길갈**로 돌아옵니다.

> 여호수아가 온 이스라엘과 더불어 길갈 진영으로 돌아왔더라
> (여호수아 10:43)

가나안 정복의 시작점이었던 **길갈**은, 그들이 다시 돌아오는 **베이스캠프**였습니다.

처음 길갈에 진을 칠 때, 그들은 요단강 바닥에서 지파의 수(12개)에 맞춰 돌을 가져와 길갈에 세웠습니다.
이는 하나님의 기적과 돌보심, 인도하심을 기념하고, 그 은혜를 잊지 않겠다는 결단의 표시였습니다.

그리고 출애굽 이후 태어난 이들에게 할례가 행해집니다.
하나님의 백성이라는 정체성을 새기는 상징적인 행동이었습니다.
여호수아와 백성들에게 길갈은 하나님의 백성으로서 자신의 정체성을 선포하고, 하나님의 능력을 가슴 깊이 새기는 중요한 지점이었습니다.

바로 이곳에서 여호수아와 백성들은 가나안 정복 전쟁을 시작합니다.

베이스캠프가 중요합니다.
나의 길갈이 중요합니다.

우리 삶의 베이스캠프는 어디인가요?
우리 신앙과 사역의 베이스캠프는 어디인가요?

하나님의 능력을 경험하고, 기념하고, 고백하며
하나님의 백성으로서 구별됨을 선포하는 곳.
바로 **예배입니다.**

예배에서 모든 삶이 출발하고, 모든 사역이 시작됩니다.
그리고 우리는 다시 예배로 돌아옵니다.

예배가 우리의 길갈입니다.
우리 사역의 베이스캠프요, 길갈인 예배를 지켜갑시다.

사역자이기 이전에, 예배자가 됩시다!

#10

인위적 장벽을 넘어라
Artificial Barriers

　자연의 장벽이었던 요단강을 하나님의 능력으로 건넌 여호수아와 백성들은, 이제 천혜의 요새로 평가받는 견고한 여리고 성을 넘어서야 했습니다. 여리고 성은 사람들에 의해 세워진 견고한 인위적 장벽이었습니다.

　우리에게 적용해 보면, 자연으로 생긴 것이 아닌 모든 장애가 인위적 장벽입니다. 세상도 마찬가지이지만, 연약한 사람들의 공동체인 교회 안에도 건강한 예배 사역을 가로막는 수많은 장벽이 존재합니다.

　예배 사역, 특히 찬양팀을 구성하고 운영하는 사역의 현장에서 마주하게 되는 어려움들을 나열해 보자면,
　인적 자원의 한계(사역 인원의 부족), 사역 구성원 삶의 여건(직업, 학업)으로 인한 모임 및 연습 시간의 제약, 재정 문제, 예배당 환경의 어려움(노후화됐거나 미비한 음향 시설), 오랜 시간 이어져 온 교회 각 기관 사역과의

이해 충돌, 고정관념화된 예배나 찬양에 대한 인식(준비찬양, 자신의 신앙 감수성을 자극하는 도구, 기도가 잘되게 하거나 말씀에 집중하게 하는 하나의 수단으로 여김), 봉사나 헌신에 대한 이해 부족, 예배 사역에 대한 자기중심적 시선, 담임 목회자의 기호에 따른 찬양의 선곡과 사역 구성 등 다양한 장벽들이 있습니다.

또한, 사역에 헌신하고 있는 각 개인의 내면을 들여다보면, 그 안에도 셀 수 없을 만큼 인위적 장벽들이 존재합니다. 이러한 장벽들은 단지 사역 안에만 머물지 않습니다.

삶의 영역으로 확장해 보면, 위에서 언급한 것들과는 비교할 수 없을 만큼 크고 거대한 인위적 장벽들이 우리의 신앙 여정을 가로막고 있음을 발견하게 됩니다.

다양한 모습으로 존재하며, 크고 단단하게 우리 앞에 버티고 서 있는 이 장벽들은 하나님이 기뻐하시는 예배와 찬양 사역을 가로막는 '여리고 성'입니다. 또한 예수 그리스도의 제자로 살아가는 우리를 좌절시키고 주저앉게 만드는 '여리고 성'이기도 합니다.

우리는 이 '인위적 장벽', 여리고 성을 반드시 넘어야 합니다.
삶 속에서도, 신앙 안에서도, 사역 가운데서도 여리고 성은 반드시 극복해야 할 과제입니다.

이처럼 수많은 인위적 장벽 가운데, 만약 우열을 가린다면 단연 첫 번째로 꼽히는 것은 바로 '편견'입니다.

편견의 함정 _____ *Trap*

편견의 사전적 정의는 '한쪽으로 치우친 공정하지 못한 생각이나 견해'입니다.

우리는 예수 그리스도를 영접하기 이전엔, 내가 중심이 되어 이 세상을 살아왔습니다.
부모님의 가르침과 도움이 있었지만, 결국 모든 것을 스스로 익히고, 배우며, 그 지식과 경험을 바탕으로 사고하고 문제를 해결해 왔습니다.

그러나 예수님을 영접한 이후엔, 예수님이 중심이 되어 세상을 마주하게 됩니다.
내가 아니라, 예수님이 내 삶의 주인이 되어진 것입니다.
그래서 삶의 문제 앞에서도 먼저 기도로 주님께 묻고, 말씀을 통해 주님의 뜻과 인도하심을 배우며 그 뜻을 삶에 적용하려 애쓰는 것, 이것이 신앙생활입니다.
우리는 열심히 기도하고, 순종하고, 말씀에 따라 살기 위해 노력하지만 완전하지 않습니다.

어느 순간 큰 문제를 마주하게 되면, 자신도 모르게 '나에게로 치우쳐져 문제를 바라보는 편견의 함정'에 빠질 수 있습니다.

지금, 인위적 장벽 앞에 **내가** 서 있나요?
아니면 **하나님의 자녀**로 서 있나요?

> 여호수아가 여리고에 가까이 이르렀을 때에 눈을 들어 본즉 한 사람이 칼을 빼어 손에 들고 마주 서 있는지라 여호수아가 나아가서 그에게 묻되 너는 우리를 위하느냐 우리의 적들을 위하느냐 하니 (여호수아 5:13)

가나안을 정복하기 위해, 길갈을 출발한 여호수아와 그의 군대!
그들이 거대한 여리고 성에 가까이 이르렀을 때 그 앞에 칼을 빼어 들고 가로막는 한 사람이 서 있었습니다.

여호수아는 한 치의 망설임도 없이 그의 앞으로 다가가, 그가 우리 편인지, 적의 편인지 묻습니다.
아주 자연스럽게 이해될 수도 있는 상황입니다.

하지만 가로막은 그 사람의 대답은 '여호수아의 편견'을 드러냅니다.

> 그가 이르되 아니라 나는 여호와의 군대 대장으로 지금 왔느니라 하는지라 (여호수아 5:14)

그는 여호수아의 편도, 그렇다고 여리고 성의 편도 아니었습니다.

'아니라.'

여호수아의 관점이 잘못됐다는 선언입니다.
그는 **여호와의 군대 대장**으로 왔다고 말합니다.

'여호와의 군대 대장'

이것이 무엇을 의미할까요?

이 싸움은 단순히 여호수아와 여리고 성 간의 전투가 아니라, **하나님의 군대**가 개입된 **하나님 주관** 아래 있다는 것입니다.

여호수아의 질문을 통해 우리는 여호수아 생각의 편견을 엿볼 수 있습니다. 자신이 앞장서 싸운다는 인식이 깔려 있었던 것입니다. 여리고 성 앞에 하나님의 종이 아니라, **자기 자신이 놓여 있던 것**입니다.

우리도 여호수아처럼, 이해할 수 없는 상황이나 감당하기 어려운 문제, 거대한 인위적 장벽이 앞에 놓이면, 그것을 넘어서야 한다는 부담감과 목적에 사로잡혀 그 문제 앞에 '내가' 서게 되는 함정에 빠질 수 있습니다.

나도 모르는 사이, 이 사역은 **내가 하는 것**이라고 착각할 수 있습니다.

주님을 잘 섬기고, 맡겨진 사역을 잘 감당하겠다는 열심 속에서, 인위적 장벽을 내가 무너뜨리고, 내가 넘어서고, 내가 싸워야 한다는 함정을 주의하시고, 경계하세요.

이러한 편견, 즉 나 중심의 시선을 벗어내야 합니다.
편견은 많은 것을 왜곡시킵니다.
판단과 결정의 자리에 하나님이 아닌 자신이 서게 됩니다.

내가 싸우는 것이 아니라, **하나님이 다스리시고 인도하시는 모든 상황 가운데에 나는 그 분의 종으로 서 있는 것입니다.**

네 발에 신을 벗어라 — *Worship*

> 여호수아가 얼굴을 땅에 대고 엎드려 절하고 그에게 이르되
> 내 주여 종에게 **무슨 말씀을 하려 하시나이까**
> (여호수아 5:14)

여리고 성 앞에 여호수아를 가로막은 한 사람이 **하나님의 군대 대장**이라는 사실을 알게 된 여호수아는, 자기의 잘못을 **즉시 뉘우치고**(여호수아 5장 14절) 그 앞에 엎드려 종에게 무슨 말씀을 하실 것인지 묻습니다.

1장 여호수아에게 듣는다

'얼굴을 땅에 대고 엎드려 절하고'를 오늘날 우리에게 익숙한 말로 표현하면, 바로 '경배한다.'입니다. 경배는 상대에 대해 즉각적인 항복과 자신이 종임을 인정하는 행위입니다.

그리고 순종하겠다는 약속, 곧 청종의 결단입니다.

여호수아는 자신의 편견이 잘못되었음을 즉시 인정하고, 하나님의 군대 대장 앞에 '경배'합니다. 이것이 여호수아의 탁월함입니다.

누구든 편견에 사로잡힐 수 있습니다.
하지만 그것이 말씀을 통해 드러날 때, 여호수아처럼 즉시 엎드려 물으십시오.

'내 주여, 종에게 무슨 말씀을 하려 하시나이까?'

그때 여호와의 군대 대장은 여호수아에게 말씀하십니다.
네 발에서 신을 벗으라고 하시며 **여호수아가 선 곳이 거룩한 곳**이라고 말합니다.

> 여호와의 군대 대장이 여호수아에게 이르되 네 발에서 **신을 벗으라 네가 선 곳은 거룩하니라** 하니 여호수아가 그대로 행하니라
> (여호수아 5:15)

이와 유사한 장면이 출애굽기에도 기록되어 있습니다.

> 모세가 그의 장인 미디안 제사장 이드로의 양 떼를 치더니 그 떼를
> 광야 서쪽으로 인도하여 하나님의 산 호렙에 이르매
> 여호와의 사자가 떨기나무 가운데로부터 나오는 불꽃 안에서 그에게
> 나타나시니라 그가 보니 떨기나무에 불이 붙었으나 그 떨기나무가
> 사라지지 아니하는지라
>
> 이에 모세가 이르되 내가 돌이켜 가서 이 큰 광경을 보리라 떨기나
> 무가 어찌하여 타지 아니하는고 하니 그 때에
> 여호와께서 그가 보려고 돌이켜 오는 것을 보신지라 하나님이
> 떨기나무 가운데서 그를 불러 이르시되 모세야 모세야 하시매 그가
> 이르되 내가 여기 있나이다
> 하나님이 이르시되 이리로 가까이 오지 말라
> **네가 선 곳은 거룩한 땅이니 네 발에서 신을 벗으라**
> (출애굽기 3:1~5)

떨기나무 아래에서 하나님께서 모세를 부르시며 말씀하신 장면입니다.

하나님께서 모세와 여호수아를 부르시며 주신 말씀, 두 장면에서 공통으로 하신 명령은 '신을 벗어라.'라는 것입니다. 중동 지역에서 신발은 더러움과 부정함을 상징합니다.

'신을 벗는다.'라는 것은 부정적인 모든 것을 내려놓는 것을 의미합니다.

하나님 앞에 나아가기 위해 자신의 죄와 연약함을 인정하고 회개하라는

것입니다.

자신의 연약함과 죄를 하나님 앞에서 회개하십시오.
우리는 스스로의 노력만으로는 하나님 앞에서 결코 완전해지거나 성결해질 수 없습니다.
그러나, 그 앞에 나아가기 위해선 반드시 '신을 벗는' 결단이 필요합니다.

'신을 벗을 때' 우리가 놓인 삶과 사역의 현장은 하나님의 임재가 함께 하시는 '거룩한 곳'이 됩니다.

부정적이며 더러운 모든 것을 벗어버리고, 하나님 앞에 섭시다!

거룩한 곳에 서다 — *Holy*

여호수아 5장 15절에 기록된 '거룩'은 히브리어 '**코데쉬**(קֹדֶשׁ, qodesh)'라는 단어가 사용됩니다. 이 단어는 '거룩하다.', '신성하다.'라는 뜻의 동사 '카다쉬(קָדַשׁ, qādash)'에서 파생된 명사로 '거룩', '구별', '신성함'을 의미합니다.

'**카다쉬**(קָדַשׁ, qādash)'는 본질적으로 하나님의 속성에서 비롯된 능력과 신비, 그리고 완전함을 나타냅니다. 하나님께서 이스라엘을 애굽 땅에서 이끌어내어 언약의 백성으로 부르신 목적은 그들을 거룩한 백성으로 세우기 위함이었습니다.

> 너희가 내게 대하여 제사장 나라가 되며 거룩한 백성이 되리라
> 너는 이 말을 이스라엘 자손에게 전할지니라
> (출애굽기 19:6)

하나님은 우리가 거룩(구별)하길 원하십니다.
우리 사역의 동기가 거룩(구별)하길 원하십니다.

세상 사람들처럼 욕망이나 세상의 가치를 좇아 자기중심적으로 살아가는 것이 아니라, 하나님의 뜻을 구하고 하나님이 원하시는 삶을 살아가는 거룩한 백성이 되기를 바라십니다. 이것이 우리가 지향해야 할 '거룩함'입니다.

교회에서의 사역과 직장과 같은 세상에서의 일은 다릅니다.
겉으로 드러나는 기능의 차이가 아니라 추구해야 할 가치와 방법이 다릅니다.

하나님의 일은 재능이나 노력만으로는 열매가 맺어지지 않습니다.
하나님의 일은 내 방법이 아니라 **하나님의 방법**으로 감당해야 합니다.

그리고, 지금 **우리가 서 있는 이곳**은, 하나님과 함께하는 **거룩한 곳**입니다. 우리의 삶 가운데 하나님의 임재가 있다면, 직장과 학교도 가정도 거룩한 곳이 됩니다.

우리의 헌신과 사역의 현장이 하나님과 함께하는 현장이면,
우리 사역의 현장은 거룩한 곳입니다.

여호수아가 서 있는 여리고 성 앞이 거룩한 곳이 아닙니다.
여호와의 군대 대장 앞에 서 있는 그 현장이 거룩한 곳입니다.
마찬가지로, 모세가 마주한 떨기나무 아래가 거룩한 곳이 아니라,
하나님의 임재가 있는 그 현장이 거룩한 곳입니다.

나는 지금 얼마나 하나님께 헌신 되어 있는가?
나는 온전히 하나님의 영광을 위해 사역을 감당하고 있는가?
나는 하나님의 방법대로 일하고 있는가?

하나님의 임재를 사모하고, 자신의 부정적인 죄들을 회개하면서,
거룩한 백성으로, 거룩한 곳에 섭시다.

> 너는 이스라엘 자손의 온 회중에게 말하여 이르라 너희는 거룩하라 이는 나 여호와 너희 하나님이 거룩함이니라
> (레위기 19:2)

여리고를 돌라 _____ *God's Way*

하나님으로부터 여리고 성을 무너뜨리는 방법을 들은 여호수아는 제사장들과 백성들에게 이렇게 지시합니다.

> 눈의 아들 **여호수아가 제사장들을 불러 그들에게 이르되 너희는**
> **언약궤를 메고** 제사장 일곱은 양각 나팔 일곱을 잡고
> 여호와의 궤 앞에서 나아가라 하고
> 또 백성에게 이르되 나아가서 그 성을 돌되 무장한 자들이
> 여호와의 궤 앞에서 나아갈지니라 하니라
> 여호수아가 백성에게 이르기를 마치매 제사장 일곱은 양각 나팔 일곱을 잡고 여호와 앞에서 나아가며 나팔을 불고 여호와의 언약궤는 그 뒤를 따르며
> 그 무장한 자들은 나팔 부는 제사장들 앞에서 행진하며 후군은 궤 뒤를 따르고 제사장들은 나팔을 불며 행진하더라
>
> 여호수아가 백성에게 명령하여 이르되 너희는 외치지 말며 너희 음성을 들리게 하지 말며 너희 입에서 아무 말도 내지 말라 그리하다가 내가 너희에게 명령하여 외치라 하는 날에 외칠지니라 하고 여호와의 궤가 그 성을 한 번 돌게 하고 그들이 진영으로 들어와서 진영에서 자니라

> 또 여호수아가 아침에 일찍이 일어나니 제사장들이
> 여호와의 궤를 메고
> 제사장 일곱은 양각 나팔 일곱을 잡고 여호와의 궤 앞에서 계속
> 행진하며 나팔을 불고 무장한 자들은 그 앞에 행진하며 후군은
> 여호와의 궤 뒤를 따르고 제사장들은 나팔을 불며 행진하니라
> 그 둘째 날에도 그 성을 한 번 돌고 진영으로 돌아오니라 엿새 동안
> 을 이같이 행하니라
>
> 일곱째 날 새벽에 그들이 일찍이 일어나서 전과 같은 방식으로 그
> 성을 일곱 번 도니 그 성을 일곱 번 돌기는 그날뿐이었더라
> 일곱 번째에 제사장들이 나팔을 불 때에 여호수아가 백성에게 이르
> 되 외치라 여호와께서 너희에게 이 성을 주셨느니라
>
> (여호수아 6:6~16)

진형의 순서는 다음과 같습니다:
무장한 자들 | 양각 나팔을 잡은 7명의 제사장 | 언약궤 | 후군

여기서 주목할 점은, 전투에 대한 직접적인 명령이 없었다는 것입니다.
성을 무너뜨리기 위해 공성전을 벌이거나, 군대를 침투시켜 내부에서 성문을 열도록 하는 방식이 아니었습니다.

하나님이 주신 명령은 '여리고 성을 중심에 두고 돌라.'라는 명령이었습니다. 6일 동안은 하루에 한 번씩, 그리고 7일째 되는 날에는 일곱 번 돌라고

하셨습니다.

이것은 **하나님의 방법**입니다.
그 의미를 해석해 보는 것도 유익하지만, 무엇보다 **중요한 점은 우리가 생각하는 일반적인 방법이 아니라, 하나님의 방법**이었다는 것입니다. 그리고 이 하나님의 방법 앞에서 **필요한 것은 오직 순종뿐이었습니다.**

우리가 하나님의 자녀이고,
우리가 헌신하는 일이 하나님의 일이라면,
하나님의 방법을 구해야 합니다.

하나님의 방법을 구하는 것은 '기도'입니다.
하나님의 가장 건강한 응답은 '말씀'입니다.
그리고 '여리고 성'을 도는 행위는 바로 '순종'입니다.

중요한 문제를 당장 해결해야 하는 상황에서, 하나님은 기도하라고 하십니다. 내일 중요한 연주를 앞두고 있는데, 하나님은 연습보다 먼저 기도하고, 말씀을 묵상하라고 하십니다. 급하게 논의해야 할 중요한 행사 준비가 있는데, 그보다 먼저 경건의 시간을 요구하십니다.

세상 기준으로는 도저히 이해할 수 없는 방법입니다.
그러나, 이것이 바로 하나님의 방법입니다.

사람이 만든 인위적 장벽인 '여리고 성'은 우리의 방법대로 무너뜨릴 수 없습니다.

편견의 함정에서 벗어나,

부정적인 모든 것을 주님 앞에 내려놓고,

세상일과 구별하여, 하나님의 주권을 인정하며 하나님의 뜻을 구하고,

하나님의 방법에 순종할 때, 여리고 성은 무너집니다.

우리를 가로막는 모든 장벽은 하나님의 방법대로 순종할 때 무너질 것입니다.

> 이에 백성은 외치고 제사장들은 나팔을 불매 백성이 나팔 소리를 들을 때에 크게 소리 질러 외치니 성벽이 무너져 내린지라 백성이 각기 앞으로 나아가 그 성에 들어가서 그 성을 점령하고
> (여호수아 6:20)

여호수아를 통해 본 문제 대처 방법

구분	1단계	2단계	3단계	4단계	5단계
여호수아의 모습	경배함 (코를 땅에 대고 엎드림)	자기 발의 신을 벗음	거룩하게 함	청종함	여리고 성을 돌았음
우리의 적용	상황의 주권 나→하나님으로 전환 "나와 문제와의 싸움이 아니라 문제의 주권은 하나님께 있음을 인정"	자신의 죄 인정, 회개 나의 부정한 모든 것 내려놓기(불만, 불평, 분노, 화, 죄, 연약함 등)	부정한 것을 벗어 내가 있는 곳이 거룩한 곳이라고 여김 "내가 있는 곳은 하나님과 함께 있는 구별된 곳"	하나님의 방법을 구하는 기도하기 하나님의 응답을 듣는 말씀 읽기 "기도와 말씀으로 하나님의 뜻 구하기"	순종 하나님의 방법대로 기도하며 문제에서 벗어나지 않기 "문제를 계속 기도하며 마음에 두되, 회피하지 않기"
하나님의 일하심	여호와의 군대 대장으로 나타나심	용서	하나님의 임재와 함께 거룩한 곳으로 만드심	하나님의 방법, 여리고 성을 돌라고 명하심	하나님의 방법으로 여리고 성을 무너뜨림 문제(여리고 성)가 스스로 무너짐 (해결됨)

#11

선한 영향력 *Good Influence*

2004년, 전 세계의 크리스천들과 많은 이들에게 큰 감동을 주었던 영화 〈The Passion of the Christ〉가 있었습니다. 이 영화는 예수님에 대한 인간적이고 현실적인 접근이 매우 사실적으로 묘사되었고, 관객으로 하여금 그 현장에 함께 있는 듯한 생생한 체험을 하게 했습니다.

이 영화의 감독은 배우로도 잘 알려진 '멜 깁슨'입니다.
어느 인터뷰에서 멜 깁슨은 이렇게 말했습니다.

"제가 유명해졌던 이유는 바로 이 영화를 만들기 위해서입니다."

세계적 배우인 멜 깁슨이 만든 작품이라는 점 때문에, 이 영화는 개봉 전부터 화제를 모았고, 수많은 사람에게 깊은 감동과 예수님에 대한 새로운 인식을 불러일으켰습니다.

유명해진다는 것은 더 많은 사람에게 복음을 효과적으로 전할 수 있는 수단이 될 수 있습니다. 명성은 메신저에게 조금 더 집중하게 만들고, 더 큰 신뢰감을 줄 수 있는 요소가 될 수 있습니다.

'유명해진다.'라는 것이 하나님의 역사 가운데 일부라는 것을, 여호수아 6장 27절은 이렇게 증언합니다.

> 여호와께서 여호수아와 함께 하시니
> 여호수아의 소문이 그 온땅에 퍼지니라
> (여호수아 6:27)

난공불락(難攻不落)[3]이라 여겨졌던 크고 견고한 여리고 성이 무너지자, 여호수아의 명성은 이방 민족들에게 크게 알려졌습니다.

하나님의 역사에서 하나님께서 필요로 하시는 일에 대해서
하나님께서는 그 도구들을 영향력 있게 만드시고, 사용하십니다.

그렇다면, 여호수아는 어떻게 유명해질 수 있었을까요?

---

3 공격하기가 어려워 좀처럼 함락되지 않음

하나님께서 함께하시니 _____ *with God*

하나님께서 함께하셨습니다.
여호수아는 늘 하나님과의 만남 가운데에 있었습니다.

> 모세가 항상 장막을 취하여 진 밖에 쳐서 진과 멀리 떠나게 하고
> 회막이라 이름하니 여호와를 앙모하는 자는 다 진 바깥 회막으로
> 나아가며
> 모세가 회막으로 나아갈 때에는 백성이 다 일어나 자기 장막 문에
> 서서 모세가 회막에 들어가기까지 바라보며
> 모세가 회막에 들어갈 때에 구름 기둥이 내려 회막 문에 서며
> 여호와께서 모세와 말씀하시니
> 모든 백성이 회막 문에 구름 기둥이 서 있는 것을 보고 다 일어나
> 각기 장막 문에 서서 예배하며
> 사람이 자기의 친구와 이야기함 같이 여호와께서는 모세와 대면하
> 여 말씀하시며 모세는 진으로 돌아오나 눈의 아들 젊은 수종자
> **여호수아는 회막을 떠나지 아니하니라**
> (출애굽기 33:7~11)

출애굽기 33장 7~11절을 보면,
회막(성막)이 등장하는데 11절을 보면 '**회막을 떠나지 아니하니라.**'라고 기록되어 있습니다.

여호수아는 모세의 수종이었을 때부터, 하나님의 임재가 있는 '회막(성막)'에서, 모세와 하나님과의 만남의 현장에 있었습니다.

'회막'은 여호수아가 하나님을 경험하는 장소였습니다.

회막을 떠나지 않는 삶. 오늘날로 말하면, 예배하는 삶입니다.
여호수아는 예배자였습니다. 예배하는 자와 하나님은 함께하십니다.

사명 — *Mission*

성도들에게 잘 알려진 찬양, '주께 가오니'의 후렴에 이런 가사가 있습니다.

"독수리 날개 쳐 올라가듯 나 주님과 함께 일어나 걸으리"[4]

독수리를 가장 괴롭히는 새가 까마귀라고 합니다.
까마귀는 쉼 없이 날갯짓하며 독수리를 따라다니며 성가시게 합니다.
이때, 독수리는 온난 기류를 타고, 까마귀가 더는 따라올 수 없는 높은 곳으로 올라갑니다. 문제가 생기면, 더 높이 올라가서 해결하는 것입니다.

초월입니다.

---

4 〈주께 가까이〉, Geoff Bullock(제플 불럭), 1992, 《The Power of Your Love》

문제와 같은 선상에서 다툼하는 것이 아니라, 그 문제를 초월하는 비상.
까마귀를 피하고자 더 높이 비상하는 독수리처럼,
문제에서 벗어나,
문제가 따라올 수 없는 높은 곳에 올라서는 우리가 되어야 합니다.

그럼, 우리에게 높은 곳은 무엇일까요?

바로 하나님께 선택되었고,
하나님이 나를 통해 일하시며,
하나님이 주시겠다고 약속한 땅을 정복하겠노라는 사명입니다.
뚜렷한 사명과 믿음이 있다면,
눈앞에 보이는 문제를 초월해 낼 수 있는 힘이 생깁니다.

여호수아에게는 하나님이 허락하신 '가나안땅' 정복의 사명이 있었습니다. 눈앞에 놓인 장벽이 그가 걷는 길을 가로막고 있었지만, 그는 하나님의 명령대로 행동하면, 하나님께서 해결하실 것을 여호수아는 믿었습니다.

하나님으로부터 부여받은 거룩하고 선명한 목적과 그에 대한 믿음!
이것이 여호수아에게 높은 곳이 되었습니다.
어떤 문제도 따라올 수 없는 숭고한 사명이 있기에, 여호수아는 백성들의 가장 앞에서, 하나님이 행하시는 기적의 역사에 사용되는 도구가 된 것입니다.

우리의 삶과 사역의 목적과 비전은 무엇인가요?
우리 삶과 사역의 목적과 비전을 점검해 보세요!

하나님으로부터 받은 구별되고 선명한 목적과 믿음이 있어야 합니다.

그 목적과 믿음으로, 독수리 날개 쳐 올라가듯,
높은 곳으로 올라가 문제를 초월해서 하나님의 방법으로 승리하세요.

순종 — *Obey*

여리고 성은 어떻게 무너졌나요?

무력이나 전략을 사용하지 않았습니다.
인간의 이성으로는 이해되지 않는 명령이었지만, 여호수아는 순종합니다.

믿음은 이해의 범주가 아니라 신뢰의 영역입니다.
진짜 믿음은 이해될 때가 아니라, 이해되지 않을 때 드러나는 법입니다.
그래서 순종은 단순한 행동 그 이상입니다.
여호수아의 순종이 바로 여리고 성을 무너뜨리는 능력이 되었습니다.

'순종'의 중요성에 대해 사무엘 선지자는 이렇게 말합니다.

> 사무엘이 이르되 여호와께서 번제와 다른 제사를 그의 목소리를
> 청종하는 것을 좋아하심 같이 좋아하시겠나이까 **순종이 제사보다
> 낫고** 듣는 것이 숫양의 기름보다 나으니
> (사무엘상 15:22)

이 말씀은 이스라엘의 왕 '사울'이 하나님께 불순종하여 버림받는 전환점이 되었던 중요한 구절입니다.

조금 더 살펴보면, 사울은 블레셋과의 전쟁을 앞두고 있었습니다.

> 사울은 **사무엘이 정한 기한대로 이레 동안을 기다렸으나** 사무엘이
> 길갈로 **오지 아니하매** 백성이 사울에게서 흩어지는지라
> **사울이 이르되 번제와 화목제물을 이리로 가져오라 하여 번제를
> 드렸더니**
> 번제 드리기를 마치자 사무엘이 온지라 사울이 나가 맞으며 문안하매
> 사무엘이 이르되 왕이 행하신 것이 무엇이냐 하니 사울이 이르되
> 백성은 내게서 흩어지고 당신은 정한 날 안에 오지 아니하고
> 블레셋 사람은 믹마스에 모였음을 내가 보았으므로
> 이에 내가 이르기를 블레셋 사람들이 나를 치러 길갈로 내려오겠거늘
> 내가 여호와께 은혜를 간구하지 못하였다 하고 **부득이하여 번제를
> 드렸나이다** 하니라
> 사무엘이 사울에게 이르되 왕이 망령되이 행하였도다 왕이 왕의
> 하나님 **여호와께서 왕에게 내리신 명령을 지키지 아니하였도다**
> 그리하였더라면 여호와께서 이스라엘 위에 왕의 나라를 영원히

세우셨을 것이거늘 (사무엘상 13:8~13)

선지자 사무엘은 사울에게 일주일 동안 자신을 기다리라고 했습니다.
이는 하나님께 드릴 제사를 사무엘이 직접 집례해야 했기 때문입니다.
이것은 사울을 향한 하나님의 명령이었습니다.

그러나 기한이 지나도록 사무엘은 나타나지 않았고, 백성들은 점점 흩어지기 시작했습니다. 사울은 위기의식을 느끼고, 결국 자신이 직접 제사를 드립니다.

사울의 입장도 이해할 수 있고, 당시 상황도 충분히 이해되지만,
중요한 것은 그 선택이 하나님의 말씀에 대한 순종이 아니었다는 점입니다. 결국 결정적인 불순종으로 인해 사울은 하나님께 버림을 받게 됩니다.

순종은 매우 중요합니다.
여호수아의 순종으로 인해 기적이 일어났고, 승리했습니다.
하나님의 말씀에 순종하세요!
하나님의 뜻이 내 생각과 다르고, 나의 방법과 달라도,
우리의 인생과 신앙과 사역은 하나님의 시간과 뜻 아래 놓여 있습니다.

넘어설 수 없을 것 같은 문제들은, 우리의 신앙과 순종을 가늠하는 척도입니다.

여리고 성이 무너지고 나서, 여호수아는 이방 민족들이 두려워하는 영향력 있는 존재가 되었습니다. 여호수아의 소문이 온 땅에 퍼지며 유명해졌습니다. 그 명성으로, 여호수아는 다시 하나님의 사람으로 가나안을 향해 나아갑니다.

여호수아처럼, 나도, 신앙도, 사역도 하나님이 사용하시길 기도하세요.

선한 영향력을 끼치는 인생과 사역! 하나님이 하십니다.
하나님은 우리 사역의 명성을 더하게 하시며, 나를 선한 영향력 있는 자로 세워 주십니다.

우리의 한 걸음 한 걸음에 하나님의 기적이 담기고,
우리를 바라보는 많은 이들 앞에 하나님의 위대하심을 증명하고,
증인된 삶을 살아가길 꿈꾸며 기도합시다!

#12

실패의 원인을 해결하라
Turning Point

나의 개인적인 잘못은 아니었지만, 내가 이끄는 공동체 구성원의 잘못으로 인해 실패의 결과를 마주한 적이 있나요?

> 이스라엘 자손들이 **온전히 바친 물건으로 말미암아 범죄**하였으니 이는 유다 지파 세라의 증손 삽디의 손자 갈미의 아들 아간이 온전히 바친 물건을 가졌음이라 여호와께서 이스라엘 자손들에게 진노하시니라
>
> 여호수아가 여리고에서 사람을 벧엘 동쪽 벧아웬 곁에 있는 아이로 보내며 그들에게 말하여 이르되 올라가서 그 땅을 정탐하라 하매 그 사람들이 올라가서 아이를 정탐하고
> 여호수아에게로 돌아와 그에게 이르되 백성을 다 올라가게 하지 말고 이삼천 명만 올라가서 아이를 치게 하소서 **그들은 소수이니**

> 모든 백성을 그리로 보내어 수고롭게 하지 마소서 하므로
>
> 백성 중 삼천 명쯤 그리로 올라갔다가 **아이 사람 앞에서 도망하니**
> 아이 사람이 그들을 삼십육 명쯤 쳐죽이고 성문 앞에서부터
> 스바림까지 쫓아가 내려가는 비탈에서 쳤으므로
> 백성의 마음이 녹아 물 같이 된지라
> (여호수아 7:1~5)

여호수아는 **아이 성과의 전투**에서 유일한 패배요, **실패**를 맛보게 됩니다.

이 실패는 여호수아 개인의 잘못 때문이 아니었습니다.
그가 이끄는 구성원의 잘못이 공동체 전체의 결과로 이어졌습니다.

아이 성 정복의 실패는, 하나님께 온전히 바쳐진 물건에 대해 아간이 죄를 범했기 때문입니다.

하나님의 능력으로 무너진 여리고 성의 점령 과정에서 하나님께서는 그 성의 물건을 취하지 말라고 하셨습니다.
그리고 그 물건은 하나님께 바쳐진 것이라고 말씀하셨습니다.

전리품 vs 예물 _____ *Devotion*

당시에도 그렇지만, 전투에서 승리의 결과로 점령지에 놓인 물건을 군사가 갖는 것은 보이지 않는 불문율과도 같았습니다. 목숨을 건 그들의 노력에 대한 일종의 보상과도 같은 것이었습니다. 자신의 수고와 노력의 결과로 취한 전리품인 것입니다.

그런데, 앞서 언급했듯 여리고 성이 무너진 것은 전적으로 하나님의 능력이었습니다. 하나님께서는 여리고 성을 점령하는 과정에서, 이 승리가 백성이 자신의 노력이라고 착각하지 않도록, 전리품을 갖지 못하게 하셨습니다. 그것은 그들 수고에 대한 대가가 아니고, 하나님을 기념하고 찬양하는 데 사용되어야 하는 '제물'이었습니다.

시작뿐 아니라 과정과 결과에서도 거룩(구별)해지라는 하나님의 뜻입니다.

그것을 아간이 어겼습니다.
하나님이 분노하신 것은 그분의 성품인 '거룩(구별됨)'이 훼손되었기 때문입니다.

전적인 하나님의 역사와 사역을 인간의 수고로 바꾸어 버릴 때 실패합니다.

아간은 자신의 욕심에 집중해서 죄를 범하게 되었고, 이스라엘 공동체는 여리고 성과는 비교도 안 될 만큼 작은 아이 성에서 패했습니다.

사역이 거듭 실패한다면, **실패**에는 반드시 이유가 있습니다.
그 이유에 직면하는 것을 두려워하지 말고, **정직하게 마주**하세요!

내가 섬기는 사역! 우리 공동체가 하는 사역이, 우리의 수고로만 이루어가는 것인가? 하나님의 전적인 역사로 이루어가는 것인가?
나를 드러내는 것인가? 하나님을 높이는 것인가?

자신 안에 있는 실패의 원인을 찾아내어, 고치기 위해 힘써야 합니다.

겸손 *vs* 교만   *Humility*

실패의 또 하나의 이유는 교만이었습니다.

비단 아간의 범죄만이 이유가 아니었습니다.
군사와 백성도 여리고 성의 승리가 하나님의 역사였음을 망각했다는 증거가 그들의 행동에서 드러납니다.

> 여호수아에게로 돌아와 그에게 이르되 백성을 다 올라가게 하지 말고 이삼천 명만 올라가서 아이를 치게 하소서 그들은 소수이니 모든 백성을 그리로 보내어 수고롭게 하지 마소서 하므로
> (여호수아 7:3)

아이 성을 정탐하고 돌아온 정탐꾼들은 그 성이 작고 사람도 적다며, "굳이 모두를 **수고롭게 할 필요 없다**"고 하나님께 묻지도 않고 **자기들 생각대로 계획**합니다.

하나님의 뜻을 구하지 않고 자기 판단대로 행동한 교만은, 결국 실패를 불러오게 됩니다. 하나님께서는 겸손한 자를 사용하십니다.

겸손은 곧 **하나님의 주권을 인정하는 태도**입니다.
교만은 거룩(구별됨)함이 훼손되고, 주권이 하나님에게서 나에게로 옮겨질 때 나타납니다.

전환점 — *Repent*

> 여호수아가 옷을 찢고 이스라엘 장로들과 함께 여호와의 궤 앞에서 땅에 엎드려 머리에 티끌을 뒤집어쓰고 저물도록 있다가
> (여호수아 7:6)

여호수아는 이 실패 앞에 **죄를 회개**하고,
하나님께서 지시하신 대로 **죄의 문제를 완전히 해결**합니다.
(여호수아 7장 25절)

여호수아의 탁월함이 다시 등장합니다. 바로 회개입니다.

무엇인가 잘못되고, 자신들의 죄를 범함이 드러날 때, 그는 즉시 하나님 앞에 회개합니다.

실패가 성공으로 바뀌는 전환점은 회개입니다.

누구나 실수할 수 있습니다. 누구나 잘못할 수 있습니다.
나와 우리 때문에 실패의 결과를 마주하고, 연약함과 죄를 범함이 드러날 때, 그때가 실패에서 성공으로 바뀌는 전환점이 됩니다.

나도 모르는 사이 하나님께 돌려져야 할 영광을
내 노력의 결과로 바꾸는 죄를 저지르고 있지는 않나요?

특별히 예배 사역과 찬양 사역은
실력과 기술의 영역이 아니라,
처음부터 끝까지 거룩과 영성의 영역입니다.

나의 수고가 아닙니다. 우리 노력의 결실이 아닙니다.
처음부터 끝까지 우리를 사용하시는 하나님의 일. 바로 사역입니다.
우리 안에서 우리를 인도하시는 성령의 역사를 사모하는 자세가 **필요**합니다.

죄와 **교만**을 찾아 회개함으로 성숙한 모습으로 **업그레이드**하세요!
실패하고 있다고 느끼는 지금이 성공으로 가는 전환점입니다.

#13

리더십 *Leadership 1*

🌿

소명(하나님의 부르심)을 받은 우리는 세상 속에 리더(사명)로 세워졌습니다.

여호수아가 아이 성을 정복하는 과정은 실제 사역의 현장에서 리더의 역할이 어떤 것인지를 잘 보여줍니다. 이 과정에서 '전략'이라는 개념이 등장합니다.

> 여호와께서 여호수아에게 이르시되 네 손에 잡은 단창을 들어 아이를 가리키라
> 내가 이 성읍을 네 손에 넘겨 주리라 여호수아가 그의 손에 잡은 단창을 들어 그 성읍을 가리키니
> (여호수아 8:18)

청종 _____ *Listen*

리더는 하나님의 말씀을 민감하게 청종해야 합니다.

'여호와께서 여호수아에게 이르시되'라는 말씀에서 알 수 있듯,
여호수아는 늘 하나님의 음성에 귀를 기울이고, 그 말씀에 즉각적으로 순종한 사람이었습니다.

하나님의 말씀을 들을 줄 알아야 합니다.
내 뜻인지, 하나님 뜻인지 분별하려면 말씀을 가까이해야 합니다.

성경을 많이 읽고 묵상하며, 하나님의 음성에 민감해지세요.
모든 사역의 출발점에는 분명하고 선명한 하나님의 말씀이 있어야 합니다.

예배 찬양팀의 리더는 말씀을 통해 자신이 서 있는 예배에 대해 배우고,
말씀으로 팀을 훈련할 수 있는 자질을 갖추어야 합니다.
마찬가지로, 팀원들 역시, 말씀을 통해 자신이 부르고, 연주하는 음악에
하나님을 향한 최상의 가치를 담을 수 있어야 합니다.

성경에는 하나님 앞에 드리는 제사와 그 제사를 드리는 인물들이 다양하게 소개됩니다.
우리가 잘 아는 가인과 아벨의 예배, 아브라함의 예배, 벧엘과 떨기나무 아래에서 모세, 성막의 제사, 여호수아, 사사들, 사울, 다윗 등 수많은 인물

의 예배가 성경에 기록되어 있습니다.

하나님이 받으시는 제사는 어떤 제사이고, 예물에는 어떤 수고와 가치가 담겨야 하는지, 어떤 태도와 자세로 예배드려야 하는지를 다양한 사례를 통해 알려줍니다.

우리의 죄와 죄로부터의 구원, 하나님의 나라, 믿음이란 무엇인지, 순종이란 무엇인지, 예수님을 따르는 제자의 삶이란 어떤 것이며, 교회는 어떤 곳이고, 무엇을 바라보며 신앙생활을 해야 하는지, 연합은 무엇을 의미하며, 우리를 괴롭히는 시련과 고난에 대해 어떤 의미를 두고 바라보고, 겪어 내야 하는지….

연약한 인간의 모습과 하나님을 향한 갈급함, 시편 기자들의 찬송과 슬픔으로 노래하는 애가 등등….

교회의 예배에서 하나님이 가장 앞에 세우신 리더가 성경을 읽지 않는다면, 그것은 마치 면허 없이 운전대를 잡는 어리석은 사람이요, 위험한 사람이 됩니다.

성경보다 자신의 이해, 상태, 감정에 따라 회중의 예배를 집례한다고 생각해 보세요!
얼마나 무모한 일인가요? 그리고 무책임한 일인가요?

예배는 나 혼자만 참여하는 것이 아닙니다.

갈급하고 순수한 마음으로 회중석에 앉아서 찬양을 통해, 하나님께서 주시는 감격과 은혜를 사모하는 불특정 다수의 성도가 있습니다.

그들 앞에 세워져 있다면, 겸손한 마음으로 말씀으로부터 예배를 배우고, 하나님의 일하심을 배워야 합니다.

예배의 현장은 형식으로 결정되는 것이 아니라, 예배자들이 품은 가치로 결정됩니다.

기능 자체가 중요한 것이 아닙니다.

기능에 가치가 담기지 않으면, 그저 하나의 형식에 지나지 않으며, 더 이상 예배가 될 수 없습니다.

하나님의 능력도 그 가운데 역사하지 않으십니다.

하나님의 능력이 역사하는 예배의 현장을 위해 먼저 '이르시는 하나님의 말씀'을 듣고 순종하는 우리가 되어야 합니다.

무기   *Weapon*

리더는 자신의 무기가 있어야 합니다.

'네 손에 잡은 단창을 들어'

하나님은 여호수아에게 "단창을 들어 아이를 가리키라"고 명령하셨고, 여호수아는 그 손에 쥐고 있던 단창을 들어 아이 성을 가리켰습니다.

단창은 '짧은 창'으로 전투에서 실제로 사용된 무기였습니다.

그렇습니다. 사역자로서 나의 무기는 무엇인가요?

레위인 중 아삽 자손들이 맡은 직무에 능숙하게 훈련된 것처럼, 나의 주특기를 계속 훈련하세요!
훈련도 사역의 일환입니다.

찬양 사역을 위해선, 음악의 훈련이 필요합니다.
악기를 능숙하게 다루기 위해 노력하고,
원하는 표현을 보다 보기 좋게 잘 전달할 수 있도록 발성과 노래의 훈련이 필요합니다.
이것이 사역에 필요한 실질적인 기능인 **단창**입니다.

정확한 목표   *Target*

리더는 무기를 들어 나아갈 방향, 정확한 목표를 가리켜야 합니다.

'아이를 가리키라 내가 이 성읍을 네 손에 넘겨 주리라.'

여호수아는 단창을 들어, 백성들이 나아가야 할 정확한 방향을 가리켰습니다. 아무리 무기를 들고 있어도, 방향이 불명확하다면 백성과 군사는 혼란에 빠집니다.

리더는 공동체가 가야 할 방향과 목적을 분명하게 제시해야 합니다.
그리고 그 목적에 맞는 정확한 목표를 가리켜야 합니다.

예배 찬양팀을 구성한다면, 그 찬양팀이 바라봐야 할 정확한 목표와 찬양팀의 목적이 선명해야 합니다.

섬기게 되는 사역이 분명할 때, 그에 맞는 찬양팀이 세워질 수 있습니다. 교회에는 다양한 예배와 모임들이 있습니다.

참석하는 회중들의 연령대와 특징이 각각 다릅니다.

화요, 목요 경배와 찬양, 금요 성령 집회, 주일 대예배, 기관(부서) 예배, 오후 찬양 예배 등, 모두 같은 예배지만, 성격이 조금씩 다릅니다.

이 외에도 특정 기간에 특정 주제를 놓고 하는 기도회, 성령 운동, 특별 새벽기도회, 수련회, 부흥회 등의 특별예배도 있습니다.

어떤 예배에서 사역하느냐에 따라 찬양팀을 이루는 팀원들의 연령대와 선곡, 스타일이 정해집니다.
따라서 리더는 분명한 방향을 제시해야 합니다.

최근에는 전체 예배 찬양을 총괄하는 예배국 산하에 각 예배의 특성에 맞는 예배팀이 구성되는 경우가 많습니다.
이런 구성의 형태가 바람직한 것은, 교회 전체 '찬양 사역'의 방향과 '사역팀의 훈련', '관리'가 보다 효율적으로 이루어질 수 있기 때문입니다.
이것 또한 찬양팀 리더가 가리키는 방향의 일환입니다.

찬양 사역은 철저히 팀플레이입니다.
나 혼자 잘한다고 되는 것이 아니라, 함께 하는 팀원들과의 팀워크가 무엇보다 중요합니다.
같은 방향을 바라보고, 하나의 마음으로 나아갈 때, 우리는 사역의 열매(승리)를 함께 경험하게 됩니다.

전략과 훈련 _____ *Strategy & Training*

리더는 전략을 가지고, 팀을 훈련해야 합니다.

> 그의 손을 드는 순간에 복병이 그들의 자리에서 급히 일어나 성읍으로 달려 들어가서 점령하고 곧 성읍에 불을 놓았더라
> (여호수아 8:19)

복병은 신호가 있기 전까지 보이지 않게 숨어서 기다리는 훈련된 군사입니다. 그리고 복병은 '전략'의 개념입니다.

무조건 들이쳐서 성과 전투를 하는 것이 아니라, 유인하거나 숨어 있다가 작전대로 움직이는 전술입니다.

그 전술이 아이 성 전투에 등장합니다.

단창이 들리는 그 순간, 복병들은 사전에 계획된 대로 즉시 일어나 일을 수행합니다.

하나님의 때가 되었을 때 들고 일어날 수 있도록,
전략을 가지고, 늘 자신과 팀을 단련하며 훈련해야 합니다.

단지 내일, 혹은 이번 주, 혹은 조금 후의 사역을 위해
필요한 곡만 연주해 보는 단기적인 계획으로는 훈련이 될 수 없습니다.

중·장기적인 목표를 세우고, 전략적인 훈련이 필요합니다.

- 말씀 훈련은 언제, 어떻게 진행할 것인가?
- 이를 통해 어떤 팀, 어떤 팀원을 기대하는가?
- 기도 훈련은 언제, 어떤 방식으로 할 것인가?
- 현재 팀원들의 연주 상태를 고려해 그에 맞는 난이도의 곡을 연습하고 있는가?
- 보컬은 어떻게 훈련하고 있는가?
- 장기적으로 팀의 기능적 부분을 어떻게 성장시켜 갈 것인가?
- 현재 우리 교회에서 가장 많이 불리는 곡은 무엇이고, 새로운 곡은 어떻게 친숙하게 소개하고 보급할 것인가?
- 팀원들은 어떻게 모집할 것인가?
- 모집 시기, 구성 연령, 선발 방법 등은 어떻게 할 것인가?

이 모든 것이 전략과 훈련을 위해 기본적으로 고려되어야 할 사항들입니다. 쉽지 않습니다. 단순히 열심만 가지고는 불가능합니다.

예배 찬양팀을 세우기 전, 리더는 충분히 기도하며, 하나님께 전략을 구해야 합니다.
리더의 전략 부재는 팀을 정체시키고, 매너리즘[5]에 빠지게 만듭니다.

---

5   틀에 박힌 태도나 방식

나는 하나님 말씀 앞에 서 있는 리더인가요?

내게는 단련된 무기가 있나요?

나는 분명한 목적과 선명한 목표를 가지고 있나요?

나는 전략을 가지고 있나요?

#14

보이는 것의 함정 *Trick*

예배 찬양 사역자는 사역의 대부분을 회중 앞에서 감당하기 때문에, 그 모습이 자연스럽게 드러납니다. 그리고 많은 칭찬을 듣게 됩니다. 어느 순간, 칭찬에 익숙해집니다. 칭찬이 기준이 되어, 자신의 사역을 평가하고 만족하고 안주하게 되는 함정에 빠집니다.

잘하면 잘하는 대로, 부족하면 부족한 대로, 회중은 헌신하는 사역자에게 늘 칭찬을 아끼지 않습니다.

"찬양하는 모습이 너무 은혜롭다."
"네가 찬양팀을 한다니 감동이다."
"교회 나온 지 얼마 안 되었는데, 그렇게 헌신하니 참 보기 좋다."
"바쁜 중에도 찬양 사역까지 하니, 하는 것 자체가 은혜가 된다."
"청년, 학생들이 이렇게 앞에 서니까 얼마나 좋냐."

"권사님! 여전히 찬양 잘하시네요."

"표정이 너무 굳어 있는데, 웃으면서 부르면 안 되나?" 등등….

어떠신가요?

익숙한 말들이지 않습니까?

공통점이 있다면, 모두가 보이는 겉모습에 집중한다는 것입니다.

그런 칭찬을 늘 받아온 팀원이, 훈련을 위해 통제받고, 자신의 성찰을 요구받고, 겸손해지기를 요구받는다면 과연 순순히, 그리고 자발적으로 그 변화를 받아들일 수 있을까요?

> 그들의 모든 행위를 사람에게 보이고자 하나니
> 곧 그 경문 띠를 넓게 하며 옷술을 길게 하고
> (마태복음 23:5)

이 말씀은 신약시대 당시 사람들에게 보이는 것에 집중했던 서기관과 바리새인을 향한 경고의 말씀입니다. 보이는 것에 집중하지 말고, 내면의 진정성에 집중하라는 의미입니다.

'보이는 것'

우리가 빠지기 쉬운 함정입니다.

여호수아도 마찬가지였습니다.

> 기브온 주민들이 여호수아가 여리고와 아이에 행한 일을 듣고
> 꾀를 내어 사신의 모양을 꾸미되 해어진 전대와 해어지고 찢어져서
> 기운 가죽 포도주 부대를 나귀에 싣고
> 그 발에는 낡아서 기운 신을 신고 낡은 옷을 입고 다 마르고 곰팡이가 난 떡을 준비하고
> 그들이 길갈 진영으로 가서 여호수아에게 이르러 그와 이스라엘 사람들에게 이르되 우리는 먼 나라에서 왔나이다 이제 우리와 조약을 맺읍시다 하니 (여호수아 9:3~6)

여호수아의 승리 소식을 접한 이방 민족 기브온 족속은 남루한 복장을 하고, 마치 먼 나라에서 온 것처럼 보이며, 여호수아를 찾아갑니다.
여호수아는 그들의 모습에 속아 그들과 언약을 맺습니다.

겉으로 보이는 그들의 위장에 속은 것입니다.
그러나 기브온 주민은 사실, 여호수아와 군사들이 멸해야 할 가나안 땅의 이방 족속이었습니다.

시간이 지나면서, 하나님의 백성과 이방 민족은 섞입니다.
혼인하고, 우상을 섬기며, 결국은 하나님을 떠나게 되었습니다.

> 네 하나님 여호와께서 그들을 네게 넘겨 네게 치게 하시리니 그때에 너는 그들을 진멸할 것이라 그들과 어떤 언약도 하지 말 것이요 그들을 불쌍히 여기지도 말 것이며

1장 여호수아에게 듣는다

> 또 그들과 혼인하지도 말지니 네 딸을 그들의 아들에게 주지 말 것
> 이요 그들의 딸도 네 며느리로 삼지 말 것은
> 그가 네 아들을 유혹하여 그가 여호와를 떠나고 다른 신들을
> 섬기게 하므로 여호와께서 너희에게 진노하사
> 갑자기 너희를 멸하실 것임이니라 (신명기 7:2~4)

하나님께서 경고하신 모든 일의 시작은 안타깝게도 기브온 족속의 겉모습에 현혹된 그 순간이었습니다.

이처럼 우리도 보이는 모습의 함정을 경계해야 합니다.
보이는 것보다 중요한 것은 내면의 모습입니다.

사람들의 칭찬, 보이는 모습, 그리고 눈앞의 회중 반응에 마음을 빼앗기고 있는 나를 발견하고 있다면,

즉시 시선을 나의 내면으로 돌려야 합니다.

보이는 것에 집중하면 무너집니다.
보이지 않는 나의 내면에 집중할 때,
온전한 찬양을 드릴 수 있고, 사역이 성장합니다.

내가 찬양하는 모습이 어떻게 보이는가는 중요하지 않습니다.

드리는 찬양이 진정성 있는 나의 고백인지,
하나님을 향한 나의 마음속에 그분의 은혜에 대해 갈급함이 있는지,
무엇보다 마음을 다해,
하나님 앞에 종의 심정으로, 하나님을 주로 높이고 있는지,

사람들에게 보이는 모습이 아닌,
진실한 나는 어떤 사람인지, 돌아보세요!

#15

믿음의 힘 *Power of Faith*

하나님의 자녀로서 누리는 권세, 세상 사람들과 구별된 신앙인만의 힘, 바로 믿음의 힘입니다.

우리는 믿음의 힘을 어떻게 누리고 사용할 수 있을까요?

> 이 일 후에 요단 서쪽 산지와 평지와 레바논 앞 대해 연안에 있는
> 헷 사람과 아모리 사람과 가나안 사람과 브리스 사람과 히위 사람
> 과 여부스 사람의 모든 왕들이 이 일을 듣고
> 모여서 일심으로 여호수아와 이스라엘에 맞서서 싸우려 하더라
> (여호수아 9:1~2)

여호수아는 요단강을 건너고, 여리고 성과 아이 성이 무너지는 하나님의 기적을 경험했습니다. 그의 소문은 온 땅에 퍼졌지만, 대적들은 오히려 가나안의 여러 왕과 연합하여 여호수아와 맞서기로 합니다.

이때 기브온 족속은 여호수아를 속여 화친을 맺는 데 성공합니다.

이처럼 우리의 삶과 예배 가운데에도 끊임없이 우리를 무너뜨리려는 적대적인 세력과 환경이 있음을 기억해야 합니다.
몇 번의 열매, 몇 번의 승리가 전부가 아닙니다.
하나님의 능력을 경험할수록, 앞을 가로막는 장애도 그 크기와 높이를 더해 갈 수 있습니다.
그리고 기브온 족속과의 화친처럼 타협이 요구되고, 보이는 것의 함정에 빠질 수도 있습니다.

위기의 전쟁

> 아모리 족속의 다섯 왕들 곧 예루살렘 왕과 헤브론 왕과 야르뭇 왕과 라기스 왕과 에글론 왕이 함께 모여 자기들의 모든 군대를 거느리고 올라와 기브온에 대진하고 싸우니라
> 기브온 사람들이 길갈 진영에 사람을 보내어 여호수아에게 전하되 당신의 종들 돕기를 더디게 하지 마시고 속히 우리에게 올라와 우리를 구하소서 산지에 거주하는 아모리 사람의 왕들이 다 모여 우리를 치나이다 하매
> 여호수아가 모든 군사와 용사와 더불어 길갈에서 올라가니라
> (여호수아 10:5~7)

기브온 족속의 항복 소식을 들은 가나안 여러 족속의 왕들은 연합하여,

자신들의 세력에서 이탈한 기브온 족속을 치기로 결정합니다.
기브온 족속은 급히 여호수아에게 도움을 요청했고,
여호수아와 가나안 연합군의 전쟁이 시작됩니다.

여호수아의 실제 전투 경험은 '아이 성 전투'가 전부라는 것을 기억해야 합니다. 여호수아 군대는 실전 경험이 많지 않은 부대입니다.
요단강도, 여리고 성도 이스라엘의 힘으로 이긴 전쟁이 아니었습니다.
이런 상황에서 가나안의 연합군과 맞선다는 것은 현실적으로 무모한 일이었습니다. 분명 위기였습니다.

믿음의 힘이 발휘되다

여호수아는 이러한 위기 속에서 '믿음의 힘'을 발휘합니다.

"태양아, 너는 기브온 위에 머무르라."

> 여호와께서 아모리 사람을 이스라엘 자손에게 넘겨 주시던 날에 여호수아가 **여호와께 아뢰어 이스라엘의 목전에서 이르되 태양아 너는 기브온 위에 머무르라** 달아 너도 아얄론 골짜기에서
> 그리할지어다 하매
> 태양이 머물고 달이 멈추기를 백성이 그 대적에게 원수를 갚기까지 하였느니라 야살의 책에 태양이 중천에 머물러서 거의 종일토록 속히 내려가지 아니하였다고 기록되지 아니하였느냐

> 여호와께서 사람의 목소리를 들으신 이같은 날은 전에도 없었고 후에도 없었나니 이는 **여호와께서 이스라엘을 위하여 싸우셨음이니라**
>
> (여호수아 10:12~14)

여호수아는 전쟁 중 "태양아, 기브온 위에 머무르라."라고 외쳤습니다.

태양이 멈춘다는 것은 달도 멈춘다는 뜻이며, 곧 지구의 자전이 멈춘다는 말입니다. 창조의 질서에 거스르는 명령임에도 하나님께서는 그대로 이루어주셨습니다.

이 장면이 기록된 여호수아 10장 12~14절 말씀을 보면, 기적이 가능했던 힌트가 있습니다.

- 먼저, 태양이 멈추기를 선언하기 이전, '여호와께 아뢰어',
  즉 **기도**했습니다.
- 이어서, '태양이 멈추기를 선포합니다.'
  믿음으로 나아간 것입니다.
- 그 결과, 그곳은 여호와께서 이스라엘을 위해 싸우시는
  '**기적의 현장**'이 됩니다.

기도 → 믿음의 선포 → 승리

이 승리의 근거는 여호수아의 군사력이 아니라 '하나님의 약속'에 대한 '여

호수아의 믿음'이었습니다.

여호수아 믿음에 대해 하나님께서 은혜를 베푸신 것입니다.

> "내가 그들을 네 손에 넘겨주었으니,
> 그들 중 누구도 너를 당해내지 못할 것이다." (여호수아 10:8)

믿음은 내 힘으론 할 수 없음을 인정하고, **하나님의 능력을 믿는 것**입니다. 어려운 상황이 눈앞에 놓이고, 사역을 가로막는 장애가 눈앞에 놓일 때, 기억하십시오!

오늘도 동일한 기적

기도하고, 믿음으로 선포하면, 그 현장은 하나님이 일하시는 현장이 됩니다.

오늘날, 수많은 사역의 현장에서, 수많은 선교의 현장에서, 그리고 우리 신앙의 현장에서, 과학적으로 설명할 수 없는 하나님의 기적이 일어납니다. 많은 이들이 간증을 통해 자기의 삶 속에서 '멈춘 태양'을 고백합니다.

이 사건은 오래전 여호수아 시대를 조명하기 위해 기록된 이야기가 아니라, 지금도 하나님이 믿음을 통해 일하신다는 증거입니다.

이 믿음의 힘은 하나님이 사용하시는 사역자들을 향한 은혜이며 축복입니다. 하나님은 우리의 믿음을 통해 놀라운 일들을 이루십니다.

사역의 현장에서 경험한 믿음의 힘

올해, 제가 사역하는 현장에서 일어난 일입니다.

노후화된 음향 장비와 악기들을 가지고, 연주하던 환경의 변화가 필요했습니다.

마이크를 교체해야 했고, 부분 부분 문제가 있는 전자드럼을 교체해야 했고, 센서와 성능에 문제가 있는 메인 건반과 단상 앞의 프론트 모니터들을 교체해야 했습니다.

문제는 '재정'이었습니다. 예배팀의 음향 교체를 위한 예산은 '0원'이었습니다.

부임한 이후로 1년간 이 문제를 놓고 기도하다가, 올 1월 팀원들에게 '믿음의 선포'를 했습니다.

"우리가 바꿉시다. 할 수 있습니다."
"성도들에게 부담을 주는 광고는 주보에 하지 않겠습니다."
"우리가 기도하며 준비합시다."

그러자 놀라운 일이 일어나기 시작했습니다.
팀원들이 한 사람 한 사람 헌신하기 시작했고,
이 소식을 들은 고등부 한 학생은 '서랍 속에 모아둔 용돈'을 꺼냈고,
또 다른 학생은 '아르바이트비'를 헌신하는 학생도 있었습니다.

결과적으로 6개월 만에 약 2,000만 원에 이르는 장비 교체가 이루어졌습니다. 우리가 생각했던 것보다 훨씬 더 좋은 장비들로 교체되었습니다.

더욱 감사한 것은, 한 사람이 큰 금액을 헌신한 것이 아니라 모두가 '십시일반'으로, 장비 하나하나를 목표로 삼을 때마다 '조금씩' 자신의 생활비를 내어놓고, 휴가비를 내어놓고, 장학금을 기꺼이 내어놓으며 함께 이뤄냈다는 점입니다.

그 과정마다 서로 감사하고, 서로 축복하고, 서로 기도해 주며,
팀도 더욱 하나가 되어갔습니다.

이들 헌신의 마음이 '태양이 멈춘' 기적의 현장이 되었습니다.

태양아, 멈추어라!

지금 난처한 상황 가운데 있나요?
내 힘으로 감당하기 어려운 일들이 나를 짓누르고 있나요?
사역을 가로막고, 훼방하는 장애가 있나요?

- 하나님께 간절히 기도하십시오.
- 나를 향해 말씀하시는 분명한 하나님의 약속을 들으십시오.
- 그리고 믿음으로 선포하십시오.

그 현장은 하나님이 일하시는 기적의 현장이 될 것입니다.

"태양아, 멈추어라!"

#16

이 산지를 내게 주소서
Faithfulness

노블레스 오블리주(프랑스어: Noblesse Oblige, 영어: Nobility Obliges)라는 말이 있습니다.

프랑스어로 '귀족은 의무를 진다.'라는 뜻으로, 부와 권력, 명성은 사회적 책임과 함께해야 한다는 의미로 사용됩니다. 한마디로, 사회지도층에게 사회적 책임과 의무를 모범적으로 실천하는 높은 도덕성을 요구하는 것입니다.

'노블레스 오블리주' 전통이 가장 잘 드러나는 나라로는 영국을 들 수 있습니다.

영국 왕실과 귀족 자녀들은 영국 병역법과 왕실 내부 규율에 따라 희망하는 시점에 장교 신분으로 군복무를 마치게 되어 있습니다. 실제로 영국 왕족인 앤드루 왕자는 헬리콥터 조종사로 참전했고, 왕세자의 둘째 아들 해리 왕자는 아프가니스탄에서 군복무를 했습니다. 이런 그들의 모습은 영국 국민의 자긍심이자 왕실의 존재를 자랑스럽게 여기는 원동력이 되고 있습니다.

자신의 기득권을 내려놓고,
누구보다 먼저 책임과 의무와 위험을 감수하는 용기와 기백.
누군가 반드시 해야 할 일이라면 물러섬 없이 감당하는 책임.

이것이 하나님의 백성으로 살아가는 우리의 모습이어야 합니다.

이런 용기와 책임과 기백을 가장 잘 보여주는 대표적인 인물이 바로 갈렙입니다.

> 그때에 유다 자손이 길갈에 있는 여호수아에게 나아오고 그니스 사람 여분네의 아들 갈렙이 여호수아에게 말하되 여호와께서 가데스 바네아에서 나와 당신에게 대하여 하나님의 사람 모세에게 이르신 일을 당신이 아시는 바라
> 내 나이 사십 세에 여호와의 종 모세가 가데스 바네아에서 나를 보내어 **이 땅을 정탐하게 하였으므로 내가 성실한 마음으로 그에게 보고**하였고
> 나와 함께 올라갔던 내 형제들은 백성의 간담을 녹게 하였으나 **나는 내 하나님 여호와께 충성**하였으므로
>
> 그날에 모세가 맹세하여 이르되 네가 내 하나님 여호와께 충성하였은즉 **네 발로 밟는 땅은 영원히 너와 네 자손의 기업이 되리라** 하였나이다
> 이제 보소서 여호와께서 이 말씀을 모세에게 이르신 때로부터

> 이스라엘이 광야에서 방황한 이 사십오 년 동안을 여호와께서 말씀하신 대로 나를 생존하게 하셨나이다 오늘 내가 팔십오 세로되
>
> **모세가 나를 보내던 날과 같이 오늘도 내가 여전히 강건하니 내 힘이 그때나 지금이나 같아서 싸움에나 출입에 감당할 수 있으니 그날에 여호와께서 말씀하신 이 산지를 지금 내게 주소서** 당신도 그날에 들으셨거니와 그곳에는 아낙 사람이 있고 그 성읍들은 크고 견고할지라도 여호와께서 나와 함께 하시면 내가 여호와께서 말씀하신 대로 그들을 쫓아내리이다 하니
>
> (여호수아 14:6~12)

갈렙은 출애굽 시대에 모세가 가나안 땅에 보낸 열두 정탐꾼 중 한 명으로, 여호수아와 함께 믿음의 보고를 한 인물이며, 광야 생활을 한 이스라엘 백성 중 유일하게 여호수아와 함께, 살아서 가나안 땅으로 들어간 족장입니다.

광야 생활 40년 동안 지파를 이끌었던 지도자였고, 젊은 시절엔 열두 지파 중 자신의 지파를 대표해서 정탐꾼에 선발될 만큼 충성스러웠습니다.

그런 그가 가나안 정복이 끝난 후 정복한 땅을 지파별로 분배할 때, 적들이 남아 있는 헤브론 산지를 요청합니다. 가장 험한 땅을 요구한 것입니다.

여전히 강한 성벽과 아낙 자손들이 버티고 있는 위험한 지역의 요구! 헤브론은 아직 전투가 끝나지 않은 땅이었습니다.

그러나 누군가는 가야 할 땅이기도 했습니다.
그곳 역시 가나안의 영토로 이스라엘 백성이 차지해야 할 땅이었습니다.

갈렙은 누군가는 해야 할 일, 누군가는 지속해야 할 싸움,
누군가는 감당해야 할 책임 앞에서 물러서지 않고, 누구보다 먼저 자원했습니다.

그의 요구에는 거침이 없었습니다.
마침내, 그는 헤브론을 기업으로 받았고, 그곳을 정복했습니다.

> 헤브론의 옛 이름은 기럇 아르바라 아르바는 아낙 사람 가운데에서 가장 큰 사람이었더라 그리고 그 땅에 전쟁이 그쳤더라
> (여호수아 14:15)

> 갈렙이 거기서 아낙의 소생 그 세 아들 곧 세새와 아히만과 달매를 쫓아내었고 (여호수아 15:14)

그리고, 갈렙의 헤브론 정복을 끝으로 **'가나안 정복 전쟁'**은 마무리됩니다.

하나님께서 약속하신 젖과 꿀이 흐르는 '가나안 땅'이, 여호수아와 이스라엘 백성의 소유가 되었고, 하나님의 약속이 성취되었습니다.

하나님 역사의 시작과 끝에 선 위대한 지도자 갈렙!

성경은 그의 믿음과 탁월함, 성취에 대해 이렇게 한 줄로 표현합니다.

> 헤브론이 그니스 사람 여분네의 아들 갈렙의 기업이 되어 오늘까지 이르렀으니 이는 그가 이스라엘의 하나님 여호와를 온전히 좇았음이라 (여호수아 14:14)

오늘날 우리에게 세상과 사역의 현장은 바로 그 헤브론과 같은 존재입니다. 수많은 헤브론이 교회와 사역의 현장, 그리고 우리의 삶 가운데 있습니다.

하나님의 사람들은 안정적이고 편한 길만을 좇는 사람이 아닙니다.
누군가 반드시 해야 할 일 앞에 우리가 서 있다면,
그것은 하나님께서 우리를 그 자리로 부르신 것입니다.
그리고 그 길이 '하나님을 온전히 따르는 길'입니다.

갈렙처럼 도전하세요!

두려움을 이기고 믿음으로 앞으로 나아갈 때,
하나님은 우리를 통해 그분의 역사와 사역을 이루십니다.

†

"이르시기를 너희는 가만히 있어
내가 하나님 됨을 알지어다
내가 뭇 나라 중에서 높임을 받으리라
내가 세계 중에서 높임을 받으리라 하시도다"

시편 46:10

"Be the Center"

하나님이 찾으시는 예배자는
하나님 마음의 중심에 서는 사람입니다.

믿음으로 그 자리를 지키는 예배자
하나님은 그런 사람을 찾으십니다.

2장
하나님이 찾으시는 예배자

#17

어깨로 메는 일 *Devotion*

자발성 — *Willingness*

'사상누각(砂上樓閣)'이라는 말이 있습니다.

아무리 훌륭한 건물을 세운다 해도, 그 기초가 모래라면 무너질 수밖에 없습니다.

운동선수는 단 한 번의 시합을 위해 거의 모든 날을 훈련합니다.

기초 체력뿐 아니라 신체적·정신적·사회적 훈련까지 모든 과정을 거쳐야 기록이 향상되고 경기에서 좋은 결과를 얻을 수 있습니다.

이러한 고된 훈련을 이어가고 견디게 하는 힘은, 오직 자발적인 동기에서 나옵니다.

실제로 시합의 90% 성패는 이미 준비 과정에서 결정됩니다.

운동선수가 자발적인 동기를 바탕으로 모든 기초 훈련을 견뎌내듯, 우리의 신앙도 그 기초가 되는 것은 바로 자발성입니다.

하나님이 기뻐하시는 헌신

주님은 우리의 자발적인 헌신을 기뻐하십니다.

하나님께서는 인간을 창조하실 때, 기계처럼 자동으로 '복종'하는 존재로 만들지 않으셨습니다. '자유의지'를 가진 인간이, 진실한 마음으로 '하나님'을 자신의 '주권자'로 받아들이고, 찬양하며, 예배하기를 바라십니다.

'자발성'의 중요성을 가장 쉽게 확인할 수 있는 예가 바로 성경에 기록된 제물과 예물, 그리고 헌금에 대한 부분입니다. 하나님께 드려지는 모든 것은 '자발성'이 전제될 때, 비로소 그 가치가 인정됩니다.

> 마음에 자원하는 남녀는 누구나 여호와께서 모세의 손을 빌어 명령하신 모든 것을 만들기 위하여 물품을 드렸으니 이것이 이스라엘 자손이 **여호와께 자원하여 드린 예물**이니라
> (출애굽기 35:29)

> 나의 하나님이여 주께서 마음을 감찰하시고 정직을 기뻐하시는 줄을 내가 아나이다 내가 정직한 마음으로 **이 모든 것을 즐거이 드렸사오며** 이제 내가 또 여기 있는 **주의 백성이 주께 자원하여 드리는 것을** 보오니 심히 기쁘도소이다 (역대상 29:17)

예물뿐 아니라, 모든 헌신과 사역도 자발적인 마음에서 시작해야 합니다.

> 그러므로 형제들아 내가 하나님의 모든 자비하심으로
> 너희를 권하노니 **너희 몸을 하나님이 기뻐하시는**
> **거룩한 산 제물로 드리라** 이는 너희가 드릴 영적 예배니라
> (로마서 12:1)

사도 바울은 로마서에서 우리의 삶과 사역, 그리고 헌신 전체를 포함하는 '몸'을 하나님께 드리라고 권면합니다.

하나님의 은혜에 감사하여 자발적으로 자신을 사역의 현장에 내어드릴 때, 하나님께서 기쁘게 받으시고, 그곳에서 일하십니다.

하지만, 사역 현장에서는 '자발성의 부족'을 종종 목도합니다.

연주를 잘한다는 이유로 "연주 좀 해 주세요."
혹은 싱어가 부족하다는 이유로 "좀 서 주실래요?" 하고, 기능적 필요성에 의해 '부탁'으로 서게 되는 경우가 있었습니다.

'부탁'이 익숙합니다.

물론 감사한 마음으로 기꺼이 수락할 수도 있습니다.
그러나 어떤 이는 부탁해 오는 사람과의 관계 때문에, 또 어떤 이는 자신

의 장점을 인정받고 보여주기 위한 자리라는 의식으로 설 수도 있습니다.

그렇다면 이런 경우 어떤 문제가 생길까요?

자발성이 결여되면 불편함이나 훈련, 그리고 희생을 기꺼이 감당하기 어렵습니다. 결국, 자발적 헌신이 없는 예배와 사역은 진정한 가치와 의미를 담아낼 수 없습니다.

어깨로 메는 일 — *Toil*

예배와 찬양 사역에는 언제나 수고와 불편함, 번거로운 일들이 따릅니다. 풍부한 인적 자원과 오랜 시간의 훈련을 통해 예배 찬양 사역이 이루어지는 일부 교회를 제외하면, 대부분의 지역교회에서는 소수의 인원이 예배와 찬양 사역을 준비합니다.

예배별 콘티 작성, 콘티에 맞는 악보 제작과 편곡, 사역 인원 편성, 악기 관리와 세팅, 음향 점검, 리허설, 사역자의 경건 훈련(말씀과 기도), 그리고 예배 관련 다른 사역과의 조율까지 준비해야 할 일이 많습니다.

찬양팀이 매주 점검하고 감당해야 하는 일들은 적지 않으며,
하나같이 예배와 사역에 직접적인 영향을 미칩니다.

예배 찬양 사역은 결코 쉽게 준비해서 드려지는 것이 아닙니다.
'수고와 헌신'이 없으면 '자기만족'으로 끝나고 맙니다.

> 여호와께서 모세에게 말씀하여 이르시되
> 그것을 그들에게서 받아 레위인에게 주어 각기 직임대로 회막 봉사에 쓰게 할지니라
> 모세가 수레와 소를 받아 레위인에게 주었으니
> 곧 게르손 자손들에게는 그들의 직임대로 수레 둘과 소 네 마리를 주었고
> 므라리 자손들에게는 그들의 직임대로 수레 넷과 소 여덟 마리를 주고 제사장 아론의 아들 이다말에게 감독하게 하였으나
> 고핫 자손에게는 주지 아니하였으니 그들의 성소의 직임은 그 어깨로 메는 일을 하는 까닭이었더라 (민수기 7:4~9)

──────── 고핫 자손의 사명

민수기 7장 4~9절을 보면, 성막의 기구를 운반하기 위해, 12지파가 소와 수레를 예물로 드리고, 모세와 아론은 이를 쓰임에 맞게 분배합니다.

그런데 유독 고핫 자손에게는 소와 수레가 주어지지 않았습니다.
이는 하나님께서 그들이 소와 수레로 회막의 물건을 편리하게 운반하지 못하게 하시고, 반드시 그들의 수고와 노력이 필요한 '어깨로 메는 일'을 감당하게 하시기 위함이었습니다.

> 진영을 떠날 때에 아론과 그의 아들들이 성소와 성소의 모든 기구 덮는 일을 마치거든 고핫 자손들이 와서 멜 것이니라 그러나 성물은 만지지 말라 그들이 죽으리라 회막 물건 중에서 이것들은 **고핫 자손이 멜 것이며**(민수기 4:15)

광야에서 이스라엘 백성이 이동할 때, 성소와 지성소에서 쓰이는 모든 기구는 반드시 고핫 자손이 어깨에 메어 운반해야 했습니다. 이것은 매우 중요한 사명이었습니다.

─── 불편함보다 중요한 것

수고와 노력이 동반되는 어깨로 메는 일!
소와 수레를 이용하면 더 편리하고 합리적이지 않을까요?
사무엘하 6장에 등장하는 다윗의 사건은 이 원칙을 더 분명히 보여줍니다.

> 다윗이 이스라엘에서 뽑은 무리 삼만 명을 다시 모으고
> 다윗이 일어나 자기와 함께 있는 모든 사람과 더불어 바알레유다로 가서 거기서 하나님의 궤를 메어 오려 하니 그 궤는 그룹들 사이에 좌정하신 만군의 여호와의 이름으로 불리는 것이라
> 그들이 **하나님의 궤를 새 수레에 싣고** 산에 있는 아비나답의 집에서 나오는데 아비나답의 아들 웃사와 아효가 그 새 수레를 모니라 그들이 산에 있는 아비나답의 집에서 하나님의 궤를 싣고 나올 때에 아효는 궤 앞에서 가고

> 다윗과 이스라엘 온 족속은 잣나무로 만든 여러 가지 악기와 수금과 비파와 소고와 양금과 제금으로 여호와 앞에서 연주하더라
> 그들이 나곤의 타작 마당에 이르러서는 소들이 뛰므로 웃사가 손을 들어 하나님의 궤를 붙들었더니
> 여호와 하나님이 웃사가 잘못함으로 말미암아 진노하사 그를 그곳에서 치시니 그가 거기 하나님의 궤 곁에서 죽으니라
> 여호와께서 웃사를 치시므로 다윗이 분하여 그 곳을 베레스웃사라 부르니 그 이름이 오늘까지 이르니라
> 다윗이 그날에 여호와를 두려워하여 이르되 여호와의 궤가 어찌 내게로 오리요 하고
> 다윗이 **여호와의 궤를 옮겨 다윗 성 자기에게로 메어 가기를 즐겨** 하지 아니하고 가드 사람 오벧에돔의 **집으로 메어 간지라**
> (사무엘하 6:1~10)

다윗이 이방 민족에게 빼앗겼던 하나님의 궤를 되찾아 수레에 싣고 나오던 중, 소가 날뛰어 언약궤가 떨어지려고 하자, 웃사라는 사람이 그것을 손으로 붙잡았습니다.

그러나 그는 그 자리에서 죽고 말았습니다.

손을 대거나, 수레에 실어서도 안 되는 언약궤를 만진 대가였습니다.

소가 날뛰어 언약궤가 떨어질 수도 있다는 분명하고 합리적인 이유가 있었지만, 성경은 웃사가 잘못했다고 기록합니다.

이후 오벧에돔의 집으로 언약궤를 옮길 때는 다시 '메고' 이동합니다.

언약궤의 이동 과정을 보면 일관되게 '메고'라는 단어가 등장하는데, 그것은 반드시 메어야 했음을 보여줍니다.

고핫 자손이 어깨로 메고 가야 했던 물건들은, 성소와 지성소에 놓인 언약궤를 비롯하여 촛대, 향단 등 제사에 쓰이는 물건들이었습니다.
수레에 실어 편하게 옮겨서는 안 되었고, 반드시 **어깨로 메어 옮겨야 했습니다.**

고핫 자손에게 주어진 '**어깨로 메는 일**'은 힘들고, 비합리적이고, 불편해 보이지만 이것이 **하나님이 원하시는 방식이었습니다.**

기억하세요! 편리함보다 중요한 것은 '하나님의 방식'입니다.

예수님께서도 인류를 위해 골고다 언덕을 오르실 때 십자가를 '어깨로 메고' 오르셨습니다.
그렇게 하시지 않아도 되는 분이셨지만, 불편함과 고통과 죽음을 인간의 몸으로 감당하셨습니다. 온 인류의 죄를 십자가로 지시는, '어깨로 메는 일'을 통해 '**구원**'이 완성되었습니다.

─────── 오늘의 적용

이 사실은 오늘날 우리에게 아주 중요한 메시지를 남깁니다.

우리가 예배를 이루면서 주님 앞에 나아갈 때, 신앙생활을 할 때, 사역을 감당할 때, 반드시 어깨로 메어야 하는 일이 있어야 한다는 것입니다.

예수님을 믿지 않거나, 교회를 다니지 않는 사람들의 시선에서 보면, 신앙생활은 불편한 일들이 많습니다.

반드시 성경을 읽어야 합니다.
일상생활 가운데 기도의 시간이 배려되어야 합니다.
자신의 소득을 구분해 하나님께 드릴 예물을 준비해야 합니다.

남들은 캠핑을 가고, 학원 보강을 하고, 가족과 추억을 쌓기 위해 여행을 떠나지만, 신앙인은 주일성수를 위해 다른 일정을 포기합니다.
혹은 불가피하게 여행을 가더라도, 여행지의 교회에서 예배를 드립니다.

찬양팀은 한 번의 찬양 인도를 위해 악보 연습과 기도에 더 많은 시간을 투자하고, 봉사자들은 보수 없이 자신의 시간과 수고를 헌신하여 예배와 교회, 이웃을 돕습니다.

얼마나 불편한 일인가요?

예수님을 믿지 않는다면 이 모든 일은 하지 않아도 되는 일 아닐까요?

사역과 신앙생활은 고핫 자손에게 주어진 어깨로 메는 일처럼 비합리적이고 불편해 보이며, 강제적이지 않은 일을 자발적인 헌신과 수고로 일평생 이어 나가는 것입니다.

하나님의 일은 인간 마음대로 할 수 있는 것이 아닙니다.
불편한 일을 피하려는 태도는 더 이상 어깨에 메지 않고, 자신이 중심이 되는 인본주의적 사고로 이어질 수 있습니다.

합리적이고 사람 중심의 편리함을 추구하려는 인본주의를 경계하세요!

예배 사역자들은 잘 아는 곡이라 할지라도, 잘하는 곡이라 할지라도 한 번 더 연습하고 준비하는 수고와 노력이 필요합니다.

─────── 고핫 자손의 보호와 복

고핫 자손도 매번 언약궤를 옮길 때마다 새로운 마음과 새 힘으로 그 불편한 일들을 감당했습니다.
하나님은 그런 그들의 생명을 특별히 보호하도록 모세와 여호수아에게 명령하셨습니다.

> 너희는 고핫 족속의 지파를 레위인 중에서 끊어지게 하지 말지니
> (민수기 4:18)

이 말씀은 고핫 자손의 헌신이 얼마나 소중했는지를 보여줍니다.

어깨로 메어야 할 우리의 사명을, 기쁨과 자발적인 헌신과 수고로 감당하여 고핫 자손에게 주신 그 복을 누리세요!

하나님을 향한 믿음과 자발적인 헌신으로 매주, 매 순간 수고하는 예배팀이 되세요!

불편하더라도, 이것이 사역이고, 이것이 찬양이고, 이것이 예배입니다.

하나님이 원하시는 것은 갖추어진 형식이 아니라 우리의 수고입니다.

어깨로 메는 일은 지금도 우리에게 주어집니다.

#18

임재 *Presence*

🌿

"이곳에 오셔서 이곳에 앉으소서, 이곳에서 드리는 예배를 받으소서."

– 〈임재〉 가사 중[6] –

예배 현장에서 많이 불리는 찬양 중 하나가 '임재'입니다.

하나님 임재에 대한 열망이 아름다운 선율과 함께 잘 표현되어, 많은 예배 현장에서 사용되고 있습니다.

임재란 '나타내 보인다.', '존재하여 함께한다.'라는 뜻입니다.

교회와 예배는 하나님이 임재하시는 곳이며, 하나님의 자녀인 우리의 삶에서도 하나님의 임재는 늘 함께합니다.

---

6 〈임재〉, 조영준, 2017, 《예배이야기 '구합니다'》

예배와 사역 가운데 하나님의 임재를 경험하는 것!
온 세상의 창조자이신 하나님이
내 안에, 우리 안에 충만하게 존재하는 것을 느끼는 것!

그렇다면 하나님의 임재를 경험하려면 어디서부터 시작해야 할까요?
성경은 그 시작점을 분명히 보여줍니다.

> 제사장들이 여호와의 언약궤를 그 처소로 메어 들였으니
> 곧 성전의 내소인 지성소 그룹들의 날개 아래라
> (열왕기상 8:6)

하나님의 성전은 처음에 '회막', '성막'이라는 이름으로 광야에서 '하나님의 명령'에 따라 세워졌습니다.
'회막'은 이스라엘 백성의 이동에 따라 계속 옮겨졌습니다.

이렇게 이동하던 '회막'은 솔로몬왕에 의해 예루살렘에 '하나님의 성전'으로 건축되었습니다.
솔로몬왕은 더 이상 이동하지 않는, 고정된 형태의 아름다운 성전을 세웠습니다.

성전의 건축을 마친 후, 왕은 제사장들에게 명령하여 '여호와의 언약궤'를 성전 내 '지성소'로 메어 들이게 했습니다.
그리고, 제사장들이 성소에서 나오자, 하나님의 임재의 상징인 '구름'이

성전을 가득 채웠습니다.

> 제사장이 성소에서 나올 때에 구름이 여호와의 성전에 가득하매
> (열왕기상 8:10)

하나님의 임재는 언약궤가 성전의 가장 깊숙한 곳, '지성소'에 놓였을 때 시작되었습니다.

오늘날, 하나님의 성전은 우리 안에 있습니다. (고린전서 3장 16절)

그 성전의 가장 깊숙한 곳,

즉, 우리의 가장 깊고 중심이 되는 곳 안에 '하나님의 언약궤'가 놓여야 합니다. 그때, 하나님의 임재를 경험할 수 있습니다.

언약궤란 무엇인가요?

우리의 연약함과 죄를 대속하신 예수님을 나의 구주로 영접하는 믿음의 고백이자, 우리가 예수님을 구주로 영접할 때 세상 끝 날까지 함께하시겠다는 '임마누엘' 하나님의 약속입니다.

또한 내 안에 계셔서 언제나 나를 인도하신다는 약속입니다.

구원하시고, 함께하시며, 인도하시는 하나님의 절대적인 약속.

그 언약을 굳게 붙드는 것이 믿음이요, 믿음으로 세상을 살아내는 것이 '신앙생활'입니다.

이 언약궤가 우리 안의 가장 깊은 내면에 놓여야 합니다.

하나님의 약속에 대한 믿음을 성전인 내 마음 깊은 곳에 두었을 때,
비로소 하나님의 능력과 임재가 내 삶과 내가 섬기는 사역 가운데 나타납니다.

그럼, 임재의 열매는 어떻게 드러날까요?

> 제사장이 그 구름으로 말미암아 능히 서서 섬기지 못하였으니
> 이는 여호와의 영광이 여호와의 성전에 가득함이었더라
> (열왕기상 8:11)

"구름으로 말미암아 서서 섬기지 못하였으니"

임재의 열매는 겸손입니다.
여호와의 성전에 여호와의 영광이 가득하면,
제사장들은 그 영광에 압도되어 서서 섬길 수 없습니다.

하나님의 임재가 있는 곳에는 겸손이 함께합니다.
하나님 앞에 서면 누구도 교만할 수 없습니다.
하나님의 영광과 능력이 삶에 펼쳐지면, 겸손할 수밖에 없습니다.
예배의 현장에서도 그 영광 앞에서는 자연스럽게 겸손해집니다.

이것은 '의지나 선택'의 문제가 아니라, 필연적으로 나타나는 '태도의 문제'입니다.

신앙생활을 하면서 교만함이 있다면, 그것은 곧 '내가 중심이 되고, 주인이 되는' 인본주의적인 신앙생활을 하고 있다는 반증입니다.

여러분은 어떠신가요?
겸손한 삶을 살고 계신가요?
겸손한 태도로 하나님이 맡기신 일을 대하고, 섬기고 있나요?

하나님의 임재의 증거는 우리의 겸손입니다.

예수님을 삶의 주인으로 모시고,
그분의 뜻을 구하며, 그 뜻에 순종하는 삶!
그 길 위에 고집이나 교만의 자리는 없습니다.

임재를 경험하는 삶은 겸손으로 덮인 삶입니다.

하나님 되신 예수님과 그분의 언약을 내 마음 깊숙이 들이고,
그분의 인도하심을 믿으며 겸손하게 삶을 살아갈 때,
우리의 인생과 사역과 예배의 현장은
하나님의 임재로 가득한 능력의 현장이 됩니다.

#19

한계를 넘어서라 *Pathbreaking*

─────── **코끼리 사슬 증후군**

'코끼리 사슬 증후군'이라는 용어가 있습니다.
이것은 벗어날 충분한 힘을 갖고 있음에도 주어진 한계를 스스로 벗어나지 못하는 것을 뜻합니다.

'코끼리 사슬 증후군'은 서커스단에서 코끼리를 길들이는 방법에서 유래했습니다. 어렸을 적 아기 코끼리의 뒷다리를 말뚝에 묶어 놓습니다. 처음에는 벗어나기 위해 안간힘을 쓰지만, 결국 말뚝 주변을 자신의 한계로 여기게 됩니다. 성장한 뒤 사슬을 풀어도, 코끼리는 스스로 말뚝의 한계를 넘지 못합니다.
이는 우리의 신앙과 삶에서도 마찬가지입니다.
'코끼리 사슬 증후군'처럼, 자신의 한계를 스스로 벗어나지 못하고, 일평생을 그 한계 안에서 좌절하며 살아갈 수도 있습니다.

패스브레이킹(Pathbreaking)

이와는 반대되는 정신으로, '패스브레이킹(Pathbreaking)'이라는 용어가 있습니다. 이는 히말라야 고산지대에 사는 '셰르파족'이 지닌 정신으로, 그들은 등반가의 안내자로서 무거운 짐을 지고 험한 산을 등반가와 함께 오르며 생계를 이어가는데, 이때 필요한 정신이 바로 패스브레이킹입니다.

패스브레이킹(Pathbreaking)이란,

'패스'(Path, 사람들이 지나다녀 생긴 작은 길)와
'브레이킹'(Breaking, 깨뜨린다)의 합성어로,
기존의 틀을 과감히 벗어나 남들이 가지 않는 새로운 길을 개척하는 것을 뜻합니다.

우리는 극명하게 다른 두 모습 중 어떤 모습으로 살아가고 있나요?
그리고 우리의 신앙과 사역의 현장은 어느 모습에 더 가까운가요?

이스라엘 역사상 가장 위대한 왕인 다윗의 아들.
큰 업적을 이룬 왕의 아들로, 지혜의 대명사 솔로몬!

솔로몬의 끝을 아시나요?

솔로몬은 세상의 기준으로 모든 것을 가졌지만,
결국 하나님의 뜻보다 '자신의 기호와 생각'을 선택했습니다.
그 선택이 바로 그의 한계, 타협(Compromising)이었습니다.

열왕기상 11장 1~13절은 솔로몬이 무너진 과정과 이유를 기록하고 있습니다.
솔로몬의 비극적인 결말의 시작은 '욕망과의 타협'이었습니다.

타협 — *Compromising*

> 솔로몬 왕이 바로의 딸 외에 이방의 많은 여인을 사랑하였으니 곧 모압과 암몬과 에돔과 시돈과 헷 여인이라
> 여호와께서 일찍이 이 여러 백성에 대하여 이스라엘 자손에게 말씀하시기를 너희는 그들과 서로 통혼하지 말며 그들도 너희와 서로 통혼하게 하지 말라 그들이 반드시 너희의 마음을 돌려 그들의 신들을 따르게 하리라 하셨으나 솔로몬이 그들을 사랑하였더라
> (열왕기상 11:1~2)

솔로몬은 하나님으로부터 지혜와 부와 명예를 모두 허락받았습니다.
그런데 솔로몬은 만족하지 않았습니다.
하나님이 금지하신 '사랑하는 이방 여인들'을 받아들임으로써, 자신의 욕

망과 스스로 타협하게 된 것입니다.

  여기서 잠시, 솔로몬의 처지에서 생각해 볼 필요가 있습니다.

  솔로몬은 여전히 왕이었고, 자신이 지은 '하나님의 성전'에서 '제사'도 드리고, '지혜'로 나라를 통치하고 있었을 것입니다.

  그런 그가 딱 하나, '이방 여인을 사랑하는 것'만 하나님의 뜻에 따르지 않은 것입니다.

  '이 정도는 하나님도 이해하시겠지.'라는 생각을 가졌을 수도 있습니다.

  '내가 이것 말고는 최선을 다하잖아.', '하나님 말씀을 지키려고는 했는데, 내가 너무 사랑하는걸.'이라고 생각했을 수도 있습니다.

  처음 그의 선택이 비극적인 결말을 가져올 것이라는 분명한 하나님의 경고가 있었음에도, 솔로몬은 자기 생각, 자기 감정, 자기 욕망의 한계를 벗어내지 못했습니다.

  무너짐은 그 한번, '자신의 욕망과의 타협'에서 시작되었습니다.

타협을 경계해야 합니다.

예배와 사역의 현장에는 언제나 '타협'이라는 함정이 도사리고 있습니다.

"연습 한 번쯤 안 해도 되지~"
"기도 한 번 건너뛰고~"

"찬양 연습하는데, 말씀은 꼭 읽어야 해?"
내가 하고 싶은 것.
내가 듣기 좋은 것.
내가 보기 좋은 것.
나의 노력, 나의 재능, 사람과의 관계, 재미, 효율, 상황 등등….

항상 기도로 하나님께 물으세요!
항상 말씀으로 하나님께 들으세요!

타협을 경계해야 합니다.

타협은 마음을 돌아서게 합니다
A Mind Turned Away

> 솔로몬의 나이가 많을 때에 그의 여인들이 **그의 마음을 돌려** 다른 신들을 따르게 하였으므로 왕의 마음이 그의 아버지 다윗의 마음과 같지 아니하여 그의 하나님 여호와 앞에 온전하지 못하였으니
> (열왕기상 11:4)

결국, 하나님의 경고(왕상 11장 2절) 대로 솔로몬이 사랑했던 이방 여인들은 솔로몬의 마음을 하나님으로부터 돌아서게 했고, 심지어 우상을 섬기

게 합니다.

신앙이 담기는 그릇, 마음을 무너뜨리는 것이 바로 타협입니다.

타협은 마음에 영향을 주고,
마음을 지키지 못하면 신앙도 지킬 수 없습니다.
마음을 다잡아야 합니다.
자신의 마음을 살펴보아야 합니다.

타협을 통해 마음이 돌아서면, 여호와를 떠나게 됩니다 ─ *Spiritually Die*

> 솔로몬이 마음을 돌려 **이스라엘의 하나님 여호와를 떠나므로**
> 여호와께서 그에게 진노하시니라
> 여호와께서 일찍이 두 번이나 그에게 나타나시고 (열왕기상 11:9)

결국 솔로몬은 하나님을 떠나게 됩니다.

그 시작은 욕망에 대한 타협에서 시작하였으나, 타협으로 인해 마음이 돌아서고, 마음이 돌아서면서, 하나님을 떠나게 된 것입니다.

하나님께서는 "그들이 반드시 너희 마음을 돌려 그들의 신들을 따르게 하

리라"고 경고하셨음에도 솔로몬은 결국 '욕망의 한계'를 넘어서지 못하고, 무너집니다.

우리의 모습은 어떤가요?
어떤 욕망과 신앙 사이에서 타협하고 있나요?
우리의 마음은 잘 지켜지고 있나요?

COVID-19를 경험하는 동안, 많은 교회가 성도의 부재에서 오는 재정적인 문제로, 교회 문을 닫았다고 합니다.
2023년 5월 5일, WHO(세계보건기구)의 COVID-19 비상사태의 종료 이후 2년이 지난 지금도, 코로나로 인해 부재했던 예배 인원의 회복률은 100%가 되지 않습니다. 많은 성도가 교회를 떠났습니다.

무엇이 위험할까요?
조금씩, 조금씩 현실과 욕망과 타협하게 되면, 마음이 돌아서고,
하나님을 떠날 수 있다는 것을 조심해야 합니다.

하나님을 향한 믿음과 신앙, 그리고 나아가 사역을 위협하는 '욕망과의 타협'을 경계하며, 마음을 지켜 하나님이 주시는 비전을 향해 패스브레이킹하는 우리가 됩시다!

#20

거절 *Rejection*

우리는 세상 속에서 적지 않게 갈등의 상황을 만납니다.

해야 할 것과 하지 말아야 할 것.
할 수 있는 일과 할 수 없는 일들.

상황에 따라 선택하고, 순종하고, 수용하며 때로는 거절하는 일들이 삶의 많은 부분을 차지합니다.

이것은 신앙생활과 사역에서도 마찬가지입니다.
　신앙생활을 하다 보면 순종하고 연합할 때도 있지만, 때로는 분명히 거절해야 할 때도 있습니다.
　사역이 얽혀 있거나 부탁하는 사람과의 관계가 얽혀 있을 때, 그 '거절'은 민감하고 예민한 문제가 되기도 합니다.

신앙 안에서 '거절'은 어떻게 해야 할까요?

우리는 어떤 기준으로 순종할 것과 거절할 것을 구별할 수 있을까요?

하나님의 뜻을 잘 모르겠을 때, 나는 어떤 기준으로 결정을 내리나요?

다니엘의 거절을 통해 신앙인의 거절은 어떻게 해야 하는지 살펴봅시다.

뜻을 정하여 　　　　　　　　　　　*Meaning*

다니엘은 바벨론의 제1차 유다 침공 때 포로로 잡혀간 청년입니다. 그는 준수한 외모를 가진 청년으로, 포로임에도 왕궁에서 생활할 수 있는 특별한 사람으로 선발됩니다.

왕궁에서 3년 동안 훈련받을 그에게는 좋은 음식과 훌륭한 교육이 기다리고 있었습니다. 그런데 다니엘은 왕이 제공하는 음식과 포도주를 **거절합니다.**

> 다니엘은 뜻을 정하여 왕의 음식과 그가 마시는 포도주로
> 자기를 더럽히지 아니하리라 하고 자기를 더럽히지 아니하도록
> 환관장에게 구하니 (다니엘 1:8)

다니엘이 가장 먼저 한 일은 뜻을 분명히 정한 것입니다.

이방 신에게 바쳐졌을 가능성이 있는 음식과 포도주를 먹지 않겠다는 것

이었습니다.

성경은 이 뜻이 하나님으로부터 받은 명령이라고 하지 않습니다.

아무런 힌트가 없습니다.

그렇다면, 이 뜻은 **다니엘 스스로** 하나님의 자녀로서 정체성과 자존감을 지키기 위해 내린 **신앙적 결단**이었다고 볼 수 있습니다.

> 하나님이 다니엘로 하여금 환관장에게 은혜와 긍휼을 얻게 하신지라 (다니엘 1:9)

신앙의 기준을 가지고 정한 그 뜻이 하나님의 은혜와 긍휼을 불러왔습니다.

뜻을 정하는 것이 중요합니다.
신앙의 여정은 결단으로부터 시작됩니다.

우리도 결정과 거절의 상황 앞에서 기준이 모호할 때가 있고, 하나님의 뜻을 잘 모를 때도 있으나, 내가 가진 신앙의 기준으로 다니엘처럼 뜻을 분명히 정해야 합니다.

우리는 하나님의 뜻을 정확히 알지 못합니다. 신앙은 하나님의 뜻을 정확히 아는 것이 아니라 하나님의 뜻을 늘 구하는 것입니다.

그럴 때 성령께서 우리의 결정을 하나님의 뜻에 점점 맞춰가도록 인도해 주십니다.

거절에 대한 책임 _____ *Responsibility*

> 환관장이 다니엘에게 이르되 **내가 내 주 왕을 두려워하노라** 그가 너희 먹을 것과 너희 마실 것을 지정하셨거늘 너희의 얼굴이 초췌하여 같은 또래의 소년들만 못한 것을 그가 보게 할 것이 무엇이냐 그렇게 되면 너희 때문에 **내 머리가 왕 앞에서 위태롭게 되리라** 하니라
>
> 환관장이 다니엘과 하나냐와 미사엘과 아사랴를 감독하게 한 자에게 다니엘이 말하되
>
> 청하오니 당신의 종들을 열흘 동안 시험하여 채식을 주어 먹게 하고 물을 주어 마시게 한 후에 당신 앞에서 우리의 얼굴과 왕의 음식을 먹는 소년들의 얼굴을 비교하여 보아서 당신이 보는 대로 종들에게 행하소서 하매
>
> 그가 그들의 말을 따라 **열흘 동안 시험**하더니 (다니엘 1:10~14)

다니엘은 그냥 거절하지 않았습니다. 다니엘이 왕의 음식을 거절하면 환관장이 위태로울 수도 있는 상황이었습니다.

다니엘은 자기의 뜻만 고집하지 않고, 분명한 대안과 그 책임을 함께 제시했습니다.

다니엘은 열흘간 채식을 먹고, 그의 상태가 어떤지 시험해 볼 것(대안)을 제안했고, 이후 왕의 음식을 먹은 청년들과 비교할 것(책임)을 제시했습니다.

자신의 신앙을 지킨다는 명분으로 무례하거나 자기중심적인 거절을 정당화해서는 안 됩니다. 거절의 상황 속에 함께 놓이게 될 **상대에 대한 분명한 배려**가 필요합니다.

하나님의 은혜로 자신의 요구가 관철되는 특별한 은혜를 경험한 다니엘은, 대안과 책임의 소재도 명확하게 하였습니다.

하나님의 역사 *Miracle*

> 열흘 후에 그들의 얼굴이 더욱 아름답고 살이 더욱 윤택하여
> 왕의 음식을 먹는 다른 소년들보다 **더 좋아 보인지라**
> 그리하여 감독하는 자가 그들에게 지정된 음식과 마실 포도주를
> 제하고 **채식을 주니라** (다니엘 1:15~16)

성경 속 모든 승리의 주체는 바로 하나님이십니다.

다니엘은 시험을 통과했고, 하나님의 은혜로 '거절'이 수용되는 '열매'를 맺습니다.

때로는 '아니오.'라고 말하는 것이 하나님 앞에서는 '예.'라고 대답하는 것일 수 있습니다.

신앙 안에서의 거절은 단순한 '거부'가 아닙니다.

거절이 부정적인 결과를 드러내는 것이 아니라, 하나님 앞에서 바로 설 수 있는 건강한 신앙의 디딤돌이 될 수 있습니다.

우리의 거절이 하나님의 뜻에 합당하다면, 그 결과는 하나님께서 선으로 이루신다는 믿음이 중요합니다.

거절을 잘하는 것도 '성숙한 신앙'의 모습입니다.
다니엘처럼 분명한 기준을 세우고, 책임과 배려를 잊지 않으며, 결과는 하나님께 맡기는 믿음을 가지세요!

뜻 없이 무릎 꿇는 그 복종 아니오
운명에 맡겨 사는 그 생활 아니라
우리의 믿음 치솟아 독수리 날듯이
주 뜻이 이뤄지이다 외치며 사나니

- 새찬송가 460장 1절[7] -

---

7 〈뜻 없이 무릎 꿇는〉, 이은상, 김동진, 1935, 대한기독교서회

#21

선한 싸움을 싸우라
Spiritual Warfare

우리가 살아가는 세상은 우리를 어떤 방향으로 이끌고 있을까요?

인간의 가치와 만족을 최우선으로 두는 인본주의,
돈과 경제력만 있으면 무엇이든 가능하다고 여기는 물질만능주의,
누군가를 위해 사는 삶보다 '나 자신'만을 위해 사는 삶이 현명한 것처럼 포장되기도 합니다.
예수님을 따르는 삶, 이웃을 위해 헌신하고 희생하는 삶은 오히려 어리석게 보이기도 합니다.

세상이 추구하는 가치관은 하나님의 사람이 추구하는 가치관과 전혀 다른 방향을 향하고 있습니다.
성경은 인간의 가치도 중요하지만, 먼저는 왕이신 하나님을 우선순위에 둡니다. 물질도 중요하지만, 모든 소유의 주권을 하나님께 두고, 물질보다

예수 그리스도를 구주로 영접하는 복음에 우선순위를 둡니다.

그래서 하나님의 사람과 하나님을 믿지 않는 세상의 가치관은 정면으로 부딪칩니다.

> 우리는 하나님께 속하였으니 하나님을 아는 자는 우리의 말을 듣고 하나님께 속하지 아니한 자는 우리의 말을 듣지 아니하나니
> **진리의 영과 미혹의 영**을 이로써 아느니라 (요한일서 4:6)

사단은 '미혹의 영'입니다.
우리를 현혹하여 세상의 가치관을 좇게 만듭니다.

선한 싸움 — *A Good Fight*

신앙생활은 사단의 미혹에 맞서 싸우는 '선한 싸움'입니다.
우리는 끊임없이 예수님과 멀어지게 하는 사단의 영향에 맞서,
예수님을 향한 믿음을 지키는 싸움을 일평생 동안 지속해야 합니다.

우리가 잘 아는 찬송가 360장 〈행군 나팔 소리에〉의 후렴, "선한 싸움 다 싸우고 의의 면류관"은 선한 싸움을 치열하게 싸웠던 사도 바울의 고백을 모티브로 만들어진 곡입니다.

사도 바울은 인생의 마지막에 이렇게 자신 있게 고백합니다.

> 나는 선한 싸움을 싸우고 나의 달려갈 길을 마치고 믿음을 지켰으니 (디모데후서 4:7)

하나님께서는 우리에게도 바울처럼 선한 싸움을 싸우라고 명령하십니다.

> 믿음의 선한 싸움을 싸우라 영생을 취하라
> 이를 위하여 네가 부르심을 받았고 많은 증인 앞에서 선한 증언을 하였도다 (디모데전서 6:12)

비단, 이 싸움은 신앙생활에서만이 아니라, 예배와 사역의 현장에서도 끊임없는 영적 전쟁으로 계속됩니다.

미혹의 영은, 성도로 하여금 예배를 잘못 인식하게 하고,
예배에 집중하지 못하게 하며,
사람의 시선을 지나치게 의식하게 만듭니다.
또한 예배 사역자들의 집중과 목적을 방해합니다.

어떤 이는 사역의 목적을 하나님이 아니라 자신의 비전과 성취에 두고, 시선의 방향을 자신에게 둡니다. 내 감정에 집중하고, 내 기호에 민감하며, 내 의지에 모든 에너지를 집중합니다.

예배가 하나님께 묻고, 듣고, 순종하는 시간이 아니라, 자신의 기호에 맞는 교훈과 감정적 위로, 만족을 얻어가는 시간이 되어버립니다.
이런 만족을 '은혜받았다.'라고 착각하기도 합니다.

미혹의 영에 현혹된 모습입니다. 위선이고, 가식입니다.

이 모든 것이 예배와 사역을 방해하려는 미혹의 영, 사단의 영향이고 전략입니다. 우리는 이 사단의 세력과 '선한 싸움'을 해야 합니다.

그럼, 선한 싸움은 어떻게 싸워야 할까요?

거대한 블레셋의 장군 골리앗에 맞서는 '소년 다윗'의 이야기에 그 답이 있습니다.
하나님의 이름을 무시하고, 자신의 힘만을 의지하는 골리앗 앞에 선 소년 다윗!

하나님의 이름 _____ *God's Name*

다윗은 '여호와의 이름'으로 나아갔습니다.

> 다윗이 블레셋 사람에게 이르되 너는 칼과 창과 단창으로
> 내게 나아 오거니와 나는 만군의 여호와의 이름 곧 네가 모욕하는
> 이스라엘 군대의 하나님의 이름으로 네게 나아가노라
> (사무엘상 17:45)

"너는 세상의 무기를 들고 나오지만, 나는 하나님의 이름으로 너를 대면하겠다."

> 하늘에 있는 자들과 땅에 있는 자들과 땅 아래에 있는 자들로
> 모든 무릎을 예수의 이름에 꿇게 하시고 (빌립보서 2:10)

예수님의 이름에는 능력과 권세가 있습니다.
이 말이 추상적이고, 모호하게 느껴질 수 있습니다.
"말로는 알겠는데, 그게 실제로 어떤 힘을 발휘하느냐?"고 반문할 수도 있습니다.

잠시 사도행전의 한 사건을 떠올려봅니다.
사도행전 3장의 첫 시작은 베드로와 요한이 기도 시간에 맞춰 성전으로

가는 장면으로 시작됩니다.

태어날 때부터 걷지 못한 사람이 그들에게 구걸했습니다.
베드로는 그를 향해 이렇게 선포합니다.

> 베드로가 이르되 은과 금은 내게 없거니와 내게 있는 이것을 네게
> 주노니 **나사렛 예수 그리스도의 이름으로 일어나 걸으라** 하고
> (사도행전 3:6)

그 사람은 곧 베드로의 손을 잡고, 일어나 뛰며 하나님을 찬양했습니다.
예수의 이름이 실제로 기적을 나타낸 것입니다.

주목할 것은, 이런 능력이 나타나기 직전 사도행전 2장에서는 어떤 일이 있었나요?
바로 오순절 마가의 다락방에서 성령강림 사건이 있었습니다.
이 능력은 성령 충만과 깊은 관련이 있습니다.

> 그들이 다 성령의 충만함을 받고 성령이 말하게 하심을 따라 다른
> 언어들로 말하기를 시작하니라 (사도행전 2:4)

예수님과 가까이에서 함께하며 말씀을 듣고 기적을 경험했지만, 제자들의 연약함은 성경 여러 곳에 드러납니다. 때로는 비겁하기까지 했습니다. 그때, 그들에게 '예수의 이름'은 아직 능력이나 권세로 작용하지 않았습니

다. 그러나 그들이 성령의 충만함을 받은 이후에는 '예수님의 이름'이 능력이 되었습니다. 더 이상 문제 앞에서 자신이 직접 맞서는 것이 아니라, '예수님의 이름'으로 그 문제를 대면하고 해결했습니다.

예수의 이름으로 나아간다는 것은 내 재능이나 지식으로 문제를 해결하지 않고, 성령의 충만함 가운데 믿음으로 선포하며, 결과의 주권을 하나님께 맡기는 것입니다.

성령의 충만함을 받고, 내 안에 계신 주님, 나의 주권자 되신 예수님의 이름으로 담대히 세상을 대면하십시오.

'예수의 이름'으로 사역의 현장을 마주하십시오. 그때, 영적 전쟁의 승리가 시작됩니다.

최선   *Do your best*!

> 다윗이 사울에게 말하되 주의 종이 아버지의 양을 지킬 때에
> 사자나 곰이 와서 양 떼에서 새끼를 물어가면 내가 따라가서
> 그것을 치고 그 입에서 새끼를 건져내었고
> 그것이 일어나 나를 해하고자 하면 내가 그 수염을 잡고
> 그것을 쳐죽였나이다 (사무엘상 17:34~35)

다윗은 목동으로서 맡겨진 양을 돌볼 때에도 **책임감과 성실함**을 다했습

니다. 맹수가 양을 공격하면 목숨 걸고 물리쳤고, 위험한 전쟁 중에도 아버지의 심부름을 충실히 수행했습니다. **맡겨진 일에 최선**을 다하는 그의 삶은 훗날 골리앗을 쓰러뜨리는 무기가 되었습니다.

자신이 평소에 가장 잘하던 일이 나중엔 싸움에서 승리하는 무기로 사용됩니다. 다윗은 모두가 아는 것처럼, 돌팔매를 이용해 골리앗을 상대했습니다. 당시 돌팔매는 상당히 강력한 무기였습니다. 로마군에도 돌팔매만을 전문으로 다루는 투석병이 있었을 정도였습니다.

작은 돌이 빠른 속도로 목표를 정확히 맞춘다고 생각해 보세요!
얼마나 치명적인 무기가 될까요?

움직이는 맹수도 잡았던 다윗에게는 거대한 골리앗조차 두려운 상대가 아니었습니다. 그런데, 다윗은 전투를 대비해서 돌팔매를 훈련한 것이 아닙니다. 그의 일상에서 자신에 주어진 양을 위협하는 맹수를 몰아내기 위해 사용한 수단이었습니다.

이것이 하나님의 섭리입니다.
지금 나에게 맡겨진 일, 나의 직업, 나의 상황들이 하나님의 손에 붙들릴 때, 그것은 선한 싸움의 강력한 무기가 됩니다.

책임감과 성실함으로 오늘을 살아가십시오.
그것은 선한 싸움의 강력한 무기가 될 것입니다.

믿음의 승리 _____ *Victory of Faith*

> 오늘 여호와께서 너를 내 손에 넘기시리니 내가 너를 쳐서
> 네 목을 베고 블레셋 군대의 시체를 오늘 공중의 새와 땅의
> 들짐승에게 주어 온 땅으로 이스라엘에 하나님이 계신 줄 알게 하
> 겠고 (사무엘상 17:46)

"너를 내 손에 넘기시리니"

다윗은 승리의 하나님을 믿는 믿음으로 싸웠습니다.

> 무릇 하나님께로부터 난 자마다 세상을 이기느니라
> 세상을 이기는 승리는 이것이니 우리의 믿음이니라 (요한일서 5:4)

우주는 하나님이 창조하셨습니다.
창조주 하나님 아래 모든 것은 피조물입니다.
하나님은 절대 패하지 않으십니다. 하나님은 늘 승리하십니다.

승과 패가 나뉘는 '선한 싸움'이라는 개념은 우리 인간의 관점이요,
우리 믿음에 대한 시험일 뿐, 하나님은 이미 승리하셨습니다.

승리를 믿는 것이 믿음입니다.
눈앞의 상황이 불리해 보이고, 승산이 없어 보이고, 자신이 초라해 보여

도 이때, 승리를 믿는 것이 믿음입니다.

하나님이 주시는 승리의 모양이 우리의 생각과 다를 수 있습니다.
그러나 하나님이 승리하신다는 사실은 불변의 진리입니다.
다윗의 결과는 승리였습니다.
정확히 말하면, 다윗의 믿음의 열매였습니다.

인생 가운데, 사역 가운데, 예배 가운데,
매 순간 신앙의 선한 싸움을 해 나갈 때,
주님의 이름으로 대면하고, 맡겨진 일에 최선을 다하며,
승리의 주님을 믿는 믿음으로 싸워가십시오.

다윗처럼, 거대한 골리앗도 넘어뜨릴 수 있습니다.

#22

능력 *Leadership 2*

🌿

교회에는 다양한 조직이 있습니다.

목장, 셀, 구역 등 성도 전체를 소규모로 편성하여 신앙생활의 도움과 교제, 그리고 양육을 목적으로 구성되는 조직부터 목회기획팀, 재정팀, 건축팀, 예배팀, 선교팀, 봉사팀, 의전팀, 미디어팀, 방송팀, 구제팀, 찬양팀 등 특수 목적의 사역이나 교회의 기능적 역할을 담당하는 조직 등 많은 팀이 교회 사역을 함께 이루어 갑니다.

일부 초대형 교회를 제외하고는 대부분의 팀이 성도 가운데에서 리더를 선발하여 팀을 이끌어 가게 합니다. 한 팀에 한 명의 리더가 있는 경우도 있지만, 팀의 성격과 역할에 따라, 한 팀 안에서도 여러 명의 리더를 세우기도 합니다.

찬양팀을 예로 들어보면, 담당 목회자, 찬양팀 팀장, 악기 팀장, 싱어 팀장, 스태프 팀장, 임원진 등이 있습니다. 이들은 찬양팀 안에서도 기능별로 분류된 작은 팀들을 이끌어 가는 리더들입니다.

좋은 리더는 좋은 팀을 만듭니다.
리더의 능력에 따라 팀은 성장합니다.

우리는 어떤 기준으로 리더를 선발하고 세우나요?

일반적으로 세상은 기술과 실력을 갖춘 사람을 능력 있는 사람이라고 부르며, 이런 사람을 리더로 세웁니다.

하지만 성경이 말하는 리더의 자격은 다릅니다.
리더는 기술을 갖추기 이전에 하나님이 인정하시는 '능력이 있는 사람'이어야 합니다.

> 너는 또 온 **백성 가운데서 능력 있는 사람들** 곧 하나님을 두려워하며 진실하며 불의한 이익을 미워하는 자를 살펴서 백성 위에 세워 천부장과 백부장과 오십부장과 십부장을 삼아
> (출애굽기 18장 21절)

출애굽 하여 광야에서 공동체를 이루며 살아가던 이스라엘 백성에게는 다양한 문제가 발생했습니다. 모세는 백성의 지도자로서 분쟁을 재판하는

역할까지 홀로 감당했습니다.

이 모습을 지켜본 모세의 장인 이드로는, 모세를 도와 백성의 재판을 분담할 리더들(천부장, 백부장, 오십부장, 십부장)을 세울 것을 권유하며, 리더 선발의 기준을 제시합니다.

바로, '**온 백성 가운데서 능력 있는 사람들**'입니다.
여기서 말하는 능력은 단순한 직무 능력이 아니라 '하나님의 거룩한 역사에 능히 참여할 선한 일꾼, 곧 하나님의 백성을 잘 다스리고 이끌 수 있는 능력과 지식을 갖춘 자'라는 의미입니다.

그렇다면 성경이 말하는 '능력 있는 사람'은 어떤 사람일까요?

경외 _____ *Reverence*

능력 있는 사람은 하나님을 경외하는 사람입니다.

경외는 '공경하고 두려워하다.'라는 뜻입니다.
히브리어로 יִרְאֵי אֱלֹהִים(yir'ei Elohim, 이르에 엘로힘)은 단순한 두려움이 아니라 존경과 신뢰로 하나님을 경외하고 공경하며 섬기는 태도를 뜻합니다.

이런 경외는 일시적인 감정이 아니라, 몸에 밴 거룩한 습관입니다.
이런 사람은 죄를 멀리하고, 하나님 앞에서 진실하게 살아갑니다.

> 모세가 백성에게 이르되 두려워하지 말라 하나님이 임하심은
> 너희를 시험하고 너희로 경외하여 범죄하지 않게 하려 하심이니라
> (출애굽기 20장 20절)

하나님의 임재를 경험하고 의식하는 사람은 하나님을 경외합니다.

팀을 지도할 때, 교제할 때, 사역 현장에서 늘 하나님을 의식한다고 상상해 보세요. 하나님 앞에 있다고 생각하면, 그분의 위대하심 앞에 자연스레 경외심을 품게 됩니다.

여기서 일반적인 '두려움'과 '경외'의 차이를 구분해 볼 필요가 있습니다.

느헤미야는 이렇게 말합니다.

> 주여 구하오니 귀를 기울이사 종의 기도와 **주의 이름을 경외하기를**
> **기뻐하는** 종들의 기도를 들으시고 오늘 종이 형통하여
> 이 사람 앞에서 은혜를 입게 하옵소서 하였나니
> 그때에 내가 왕의 술 관원이 되었느니라 (느헤미야 1:11)

일반적인 두려움은 우리를 좌절시키고 위축시키지만, 하나님의 위대하심

에 대한 두려운 마음, 즉 경외는 오히려 기쁨이 됩니다.

하나님은 우리에게 그분을 경외하기를 원하십니다.

그리고 리더들에게도 경외하는 마음을 요구하십니다.

하나님을 경외하세요!

하나님을 경외하는 사람이 바로 '**능력 있는 사람**'입니다.

진실　　　　　　　　　　　　　　　　　　　*Truth*

능력 있는 사람은 진실한 사람입니다.

진실은 '거짓이 없고 바르고 참됨'이라는 뜻입니다.

리더는 정직해야 합니다.

하나님 앞에 정직하게 서야 합니다.

우리는 부족할 수 있습니다. 연약할 수 있습니다. 때로는 죄를 짓기도 합니다. 그런 자기 모습을 마주할 때 하나님 앞에 회개하고, 연약함을 인정하며, 도우심을 간구해야 합니다. 자기 내적 상태에 정직하고, 맡겨진 일에도 정직하려고 노력해야 합니다.

또한 바른 것을 향해 끊임없이 나아가야 합니다.

내가 언제나 옳을 수는 없습니다.

알지 못할 때도 있고, 틀릴 때도 있습니다.

이것을 인정하고, 바른길을 찾기 위해 배우고 노력하는 리더가 되십시오.

성경은 인간의 방법과 하나님의 방법이 다르다고 말합니다.

인간의 옳음과 하나님의 옳음은 다르다고 말합니다.

따라서 말씀을 통해 바름을 배우고, 기도를 통해 바름을 구해야 합니다.

하나님을 의식하며, 자신의 신앙을 성찰하는 사람,

자신의 부족함과 연약함을 인정할 줄 알고, 그 상태에 정직한 사람,

무엇이 옳은지 늘 하나님께 묻고, 바른길을 찾는 사람,

이런 리더가 팀원들의 신뢰를 얻습니다.

사역은 혼자만의 힘으로 이룰 수 없습니다.

나를 바라보는 이들의 신뢰를 얻어야 합니다.

하나님과 나와 사람들에게 진실한 사람이 되십시오.

진실한 사람이 능력 있는 사람입니다.

정의로운 대가 _____ *A Just Reward*

능력 있는 사람은 불의한 이익을 미워하는 사람입니다.

'불의한 이익을 미워하는 자'라는 표현은 히브리어 שֹׂ֣נְאֵי בָ֑צַע(sōnʾē bātsaʿ, 소네에 바차)로, 부당한 소득이나 불법적인 재물을 절대 용납하지 않고, 오히려 혐오하고 멀리하는 사람을 뜻합니다.

> 너는 뇌물을 받지 말라 뇌물은 밝은 자의 눈을 어둡게 하고
> 의로운 자의 말을 굽게 하느니라 (출애굽기 23:8)

하나님은 사람이 수고한 만큼 정당한 대가를 얻는 것을 기뻐하십니다.
과도한 이익을 탐하거나 부당한 방법으로 얻어서는 안 됩니다.
불법적 재물이나 뇌물, 부당한 소득을 가까이 해서도 안 됩니다.
오히려 그러한 것을 철저히 경계하고 멀리하려는 의지와 노력이 필요합니다.

사도 바울은 소아시아의 갈라디아 교인들에게 편지로 이렇게 경고합니다.

> 스스로 속이지 말라 하나님은 업신여김을 받지 아니하시나니
> 사람이 무엇으로 심든지 그대로 거두리라 (갈라디아서 6:7)

불의한 대가를 받는 것은 자신을 속이는 일입니다.
그리고 하나님을 의식하지 않고 있다는 증거입니다.

하나님의 법칙은 '심은 대로 거두는 것'입니다. 이것이 '정의로운 대가'입니다.

어떤 대가가 나에게 주어질 때, 그것이 정직하게 취한 것인지
사회와 사역 속에서 공정함을 지키고 있는지
늘 스스로 점검해야 합니다.

**하나님을 경외하고, 진실하며, 정의로운 대가를 기뻐하는 사람.
이런 사람이 하나님의 기준에 '능력 있는 사람'입니다.**

사역의 현장에는 이런 리더가 필요합니다.

나는 능력 있는 사람인가요?

#23

열매 *Fruit*

나의 신앙은 열매를 맺고 있나요?
우리가 하는 사역의 열매는 어떻게 맺히고 있나요?

예수님께서 말씀하신 포도원에 심긴 무화과나무의 비유는 우리에게 '열매'의 중요성을 강조합니다.

> 이에 비유로 말씀하시되 한 사람이 포도원에 무화과나무를 심은 것이 있더니 와서 그 열매를 구하였으나 얻지 못한지라 포도원지기에게 이르되 내가 삼 년을 와서 이 무화과나무에서 열매를 구하되 얻지 못하니 찍어버리라 어찌 땅만 버리게 하겠느냐
> 대답하여 이르되 주인이여 금년에도 그대로 두소서
> 내가 두루 파고 거름을 주리니
> 이후에 만일 열매가 열면 좋거니와 그렇지 않으면 찍어버리소서

| 하였다 하시니라 (누가복음 13:6~9)

한 사람이 포도원에 무화과나무를 심었습니다.

3년을 기다렸지만, 무화과나무는 열매를 맺지 못했습니다. 그래서 주인은 "땅만 버리게 하지 말고 찍어버리라."라고 말합니다.

하지만 포도원지기는 간청합니다. "올해까지만 더 해 보고 안 되면 버리겠다."라고 대답합니다. 무화과나무를 심었는데 **열매를 보지 못한 것**입니다.

이 비유는 예수님께서 포도원에 심으신 무화과나무인 우리가 '열매'를 맺어야 함을 말하고 있습니다.

이 비유에 담긴 의미를 조금 더 살펴볼까요?

첫 열매 '파계'　　　　　　　　*The First Fruits*

무화과나무는 유실수로, 한 해에 여러 번(3~5회) 열매를 맺습니다.

처음 맺히는 열매는 '**파계**'라 불리며, 작고 상품성이 없지만, **가난한 자들과 나그네**가 자유롭게 따 먹을 수 있도록 허락된 열매입니다. 누구나 먹을 수 있는 열매였습니다.

'파계' 이후에 맺히는 당도가 높고 씨가 굵은 열매는 '**테에나**'라 불리며,

상품성과 경제적 가치가 있는 본격적인 무화과 열매입니다.

예수님은 무화과나무의 비유에서 첫 열매인 '파게'를 찾으셨습니다. 잘 익고 보기 좋은 '테에나'가 아니라, 누구에게나 허락된 연약하고 보잘것없는 '파게'! 그 열매를 주님은 귀하게 여기셨습니다.

예수님의 모습을 봅시다.

> 그 후에 예수께서 각 성과 마을에 두루 다니시며 하나님의 나라를 선포하시며 그 복음을 전하실새 열두 제자가 함께하였고
> (누가복음 8:1)

예수님 자신이 '파게'이셨습니다.

우주의 창조주셨지만, 나사렛이란 시골 마을에서, 말구유에서 태어나셨습니다. 겉모습은 왕의 모습과는 거리가 멀었습니다. 목수 생활을 하셨고, 공생애 기간에는 가장 낮은 자리, 가장 보잘것없는 이들을 향해 걸어가셨습니다. 주님은 자신의 목적만을 위해 서두르지 않으셨습니다.

구원을 완성하실 예루살렘으로 곧장 향하지 않으시고, 각 성과 마을을 **두루 다니시며** 하나님의 나라를 선포하셨습니다.

유대인, 이방인, 병든 자, 귀신 들린 자, 삶의 문제를 가진 자들이 예수님을 만났습니다. 예수님을 만난 사람이 그분을 구주로 영접하면 구원받았습

니다. 주님은 신분이 높은 사람만을 위해서가 아니라, 누구든 그분을 만나고자 하면 만날 수 있고, 영혼의 갈급함을 고백하면 채워주시는 '생명의 양식'이 되셨습니다.

예수님처럼, 교회는 '파계'여야 합니다.
예배 찬양 사역자들도 '파계의 열매'가 되어야 합니다.

가난하고 소외된 이들, 처음 교회 온 사람들도 이질감 없이 따뜻함을 느낄 수 있는 교회와 예배가 바로 '파계'입니다.

공공의 예배 — *Public Worship*

교회와 예배는 '만민'이 함께할 수 있는 곳입니다.

항상 누구나 참석할 수 있다는 '열린 생각'을 가지고 '열린 예배'를 만들어가야 합니다.
교회는 '모두가 예배하는 곳'으로서의 공공성을 가져야 하며, 특히 예배는 더욱 그렇습니다.

찬양팀의 경우, 곡을 선정할 때도 같은 원칙이 적용됩니다.
- 근래에 유행하는 곡들을 멋지게 연주하는 것도 좋지만, 모두가 알 수 있

을 법한 곡을 부르기 쉽게 편곡하는 것도 고민해야 합니다.
- 특정 연령대만 선호하는 곡이 아니라 다양한 세대가 함께 부를 수 있는 곡을 조화롭게 구성해야 합니다.
- 새로운 곡과 익숙한 곡을 균형 있게 배치하는 것도 중요합니다.

다양한 현장에서, 찬양의 선곡 때문에 찬양 시간에 소외되는 성도들이 있음을 알게 되었습니다. 예배 찬양은 회중 찬양입니다.

모두가 함께할 수 있는 예배와 찬양을 위해 노력하십시오!

> 이에 가르쳐 이르시되 기록된 바 내 집은 만민이 기도하는 집이라 칭함을 받으리라고 하지 아니하였느냐
> 너희는 강도의 소굴을 만들었도다 하시매 (마가복음 11:17)

항상 내 이웃을 내 몸과 같이 사랑하고,
세상을 향해 예수 그리스도의 눈과 마음으로 복음과 사랑을 전하며,
지친 영혼들의 갈급함을 언제나 채워주는 열매로서의 나와 사역.
누구나 드릴 수 있는 예배, 누구나 기도할 수 있는 교회를 이루어 가는 것.

**이것이 성도이자 예배 찬양 사역자로서
우리가 맺어야 하는 '파계'의 열매입니다.**

무화과나무의 첫 열매 '파계'가 되십시오!

하나님의 자녀, 성도는 '파계'입니다.

#24

성장 *Grow*

나의 신앙과 사역은 성장하고 있나요?
성장하면서 하나님과 사람들에게 '은총'을 받고 있나요?

> 아이 사무엘이 점점 자라매
> 여호와와 사람들에게 은총을 더욱 받더라 (사무엘상 2:26)

사무엘은 엘리 대제사장의 사환으로, 태어나면서부터 성전에서 살았습니다. 어머니 한나의 기도와 서원으로 그의 삶이 하나님께 드려진 것입니다.

사무엘은 은총을 받으며 성장했습니다.
사전에서 정의하는 은총이란, 임금과 같은 높은 사람에게 받는 특별한 사랑을 뜻합니다.

시간이 흐르면 누구나 자라지만, 하나님과 사람들에게 '은총'을 받았다는 말씀은, '사무엘'이 특별한 사람이었음을 보여줍니다.

은총을 받은 '사무엘'은 어떻게 성장했을까요?

예배 안에서 _In Worship_

> 사무엘은 하나님의 궤 있는 여호와의 전 안에 누웠더니
> (사무엘상 3:3)

사무엘은 항상 하나님의 임재가 있는 하나님의 성전에서 자라났습니다. 언약궤는 하나님이 임재하시는 상징이었고, 사무엘은 언약궤가 있는 지성소에서 자고, 꿈꾸고, 일어나며 하나님의 임재를 늘 마주했습니다.

오늘날의 표현으로 말하면, 사무엘은 '예배 가운데' 살았습니다.

예배는 하나님과의 만남입니다.
하나님과의 만남이 있는 모든 곳이 '예배의 현장'입니다

우리가 숨 쉬는 모든 순간에 **하나님을 의식하고, 구하고, 반응한다면,** 인생 전체가 예배로 채워집니다.

삶에서, 사역에서 그분의 존재를 인정하는 순간 예배가 시작됩니다.
모든 순간 하나님의 임재를 구하고, 인정하고, 의식하며 살아가십시오!
예배 안에서 성장하는 것이 은총입니다.

소명을 가지고 _In One's Calling_

사무엘상 3장은 사무엘이 하나님의 부르심을 받는 장면을 기록하고 있습니다.

하나님은 사무엘을 부르셨지만, 사무엘은 그것을 엘리 대제사장의 부름으로 착각했습니다. 세 번이나 이런 상황이 반복되자, 엘리 대제사장은 이것은 하나님이 사무엘을 부르시는 것임을 깨닫고, 사무엘에게 이렇게 대답할 것을 가르쳤습니다.

'여호와여 말씀하옵소서 주의 종이 듣겠나이다'

> 여호와께서 세 번째 사무엘을 부르시는지라 그가 일어나 엘리에게로 가서 이르되 당신이 나를 부르셨기로 내가 여기 있나이다 하니 엘리가 여호와께서 이 아이를 부르신 줄을 깨닫고
> 엘리가 사무엘에게 이르되 가서 누웠다가 그가 너를 부르시거든 네가 말하기를 여호와여 말씀하옵소서 주의 종이 듣겠나이다 하라 하니 이에 사무엘이 가서 자기 처소에 누우니라 (사무엘상 3:8~9)

엘리 대제사장의 가르침대로 사무엘이 네 번째 부르심 앞에서 응답하는 순간 하나님은 그에게 말씀하셨습니다.

> 여호와께서 임하여 서서 전과 같이 사무엘아 사무엘아 부르시는지라 사무엘이 이르되 말씀하옵소서 주의 종이 듣겠나이다 하니
> (사무엘상 3:10)

사무엘이 소명을 갖게 되는 순간입니다.
소명은 하나님의 부르심에 대한 인간의 응답입니다.
응답이 중요합니다.
하나님은 모든 사람을 부르십니다. 그러나 소명은 응답할 때 주어집니다.

사무엘이 하나님의 부름 앞에서 응답하지 않았을 때, 성경은 이렇게 말합니다.

> 사무엘이 아직 여호와를 알지 못하고
> 여호와의 말씀도 아직 그에게 나타나지 아니한 때라 (사무엘상 3:7)

하나님 앞에 응답하지 않으면 하나님을 알지 못하며, 말씀의 능력도 나타나지 않습니다.

우리의 삶 전체가 하나님과의 만남인 예배라면,
우리는 살아가는 모든 순간에 응답해야 합니다.

교회에서 예배드릴 때도,
예배 찬양 사역의 현장에 들어설 때도 동일합니다.

"말씀하옵소서 주의 종이 듣겠나이다."

그때 하나님께서 주시는 소명을 갖게 됩니다.
소명을 가지고 성장하는 것이 은총입니다.

하나님의 능력을 경험하며 _____ *God's Power*

> 사무엘이 자라매 여호와께서 그와 함께 계셔서 그의 말이
> 하나도 땅에 떨어지지 않게 하시니 (사무엘상 3:19)

사무엘은 하나님의 기적 같은 능력을 경험하며 성장했습니다.
그가 말하면 그대로 이루어졌습니다.
하나님의 놀라운 능력을 경험하며 성장하는 것은 최고의 은총입니다.

교회 사역의 현장에서는 여전히 놀라운 하나님의 능력들이 나타납니다.

올해 초, 섬기던 예배팀에 외부 사역 기회가 주어졌습니다.
한 교단에서 여름마다 열리는 '연합 부흥성회'의 찬양 인도를 맡게 된 것

입니다.

작년에 우리 팀은 교회 공 예배 찬양팀으로 재구성되어 조금씩 성장해 가던 중이었습니다.
그런 팀원들을 향해 "언젠가 여러분도 외부 사역 현장에서 많은 성도와 함께 찬양할 기회가 있을 것입니다. 그날을 기대하며 최선을 다해서 찬양하고, 사역합시다."라고 격려했던 기억이 있습니다.

그런데 그 기회가 정말로 찾아왔습니다.
격려가 현실이 되었을 때 팀원 대부분의 반응은 이랬습니다.
"우리가요? 우리는 전문 연주자도 없고 노래도 잘 못하는데요?"
저는 담당 목회자로서 "하겠습니다."라고 수락했습니다.

집회는 3일 동안 진행됐고, 우리가 맡은 부분은 주 강사가 오시는 '3일간의 저녁 집회'였습니다.
참석인원은 전국에서 모인 각 교회 교인으로 약 3,000명 이상의 성도였습니다. 신학대학교 대강당이 가득 찼습니다.
팀 싱어는 가정주부, 직장인인 집사·권사님들이었고, 연주팀은 이제 갓 대학에 입학한 대학생 2명, 청년 1명, 가정주부 3명이었습니다.
시간도, 전문성도 부족했고, 무엇보다 외부 집회가 처음이었습니다.

저는 팀원들을 향해 이렇게 말했습니다.
"할 수 있습니다. 매주 준비해 왔던 것처럼 마음을 다해서 준비하면 됩니다."라며 팀을 안심시켰습니다.

준비하는 2~3개월 동안, 싱어 팀과 악기 팀은 각자 바쁜 시간을 쪼개어 팀장의 주도하에 최선을 다해 연습했습니다.

저는 그 과정을 지켜보며 확신했습니다.

"이 과정이 이미 예배다. 이 최선을 하나님은 이미 받으셨다."

그리고 8월, 사역이 시작됐습니다.

첫날부터 하나님은 일하셨습니다. 참석한 성도 모두가 마치 기다렸다는 듯이 뜨겁게 찬양하고, 간절히 부르짖으며, 하나님을 높이고 찾았습니다.

둘째 날도, 마지막 날까지도 하나님은 '자신은 늘 부족하다'고 여기는 '팀'을 사용하셔서 그분의 예배를 이끌어 가셨습니다.

사역을 마친 후, 찬양팀원의 입술에서 감동과 간증이 이어졌습니다.

그날의 영상을 몇 번이고 돌려보며 그 순간을 가슴에 새겼습니다.

저는 하나님 앞에 감사했습니다.

"하나님, 감사드립니다. 부족한 종이 입술로 선포한 그 선포를 하나님께서 땅에 떨어뜨리지 않으시고 이루어주심을 보았습니다."

신앙과 사역은 내가 하는 것처럼 보이지만, 하나님이 하십니다.

우리가 할 일은 부족함을 인정하고, 그분의 능력을 구하는 것입니다.

하나님의 능력을 경험하길 간구해 보세요!

하나님의 능력을 경험하면, 새로운 신앙과 사역의 길이 열립니다.

예배 안에서, 하나님이 주신 소명을 가지고, 하나님의 능력을 경험하며 성장합시다!

#25

결핍 *Deficiency*

　인간의 몸은 인간이라는 유기체가 지닌 신체적 구조를 전체적으로 지칭하는 말로, 한 개체가 성인의 시기로 접어들기까지 온몸의 세포는 대략 100조 개에 달합니다.

　각 부분의 유기체는 필수적인 생명 기능을 수행하게 되어 있으며, 여기에는 순환 체계, 면역 체계, 호흡 체계, 소화 체계, 배설 체계, 근육 운동, 신경 운동, 남성과 여성의 생식 등이 포함됩니다.

　사람의 몸은 조직체와 세포로 크게 구분되며, 소분자에서부터 폴리펩티드와 같은 아미노산 결합물이 세포 속에 존재하면서 세포의 발생을 촉진합니다.
　우리 몸을 이루는 이 복잡하고 신비로운 생명의 활동은 여러 필수 요소가 있어야 하는데, 그 가운데 어느 하나라도 결핍하면, 우리 몸에는 이상이 생깁니다.

비타민 하나만 부족해도 몸은 즉시 신호를 보냅니다.

A가 부족하면 시력이 약해지고, B가 부족하면 몸이 쇠약해지며, C가 부족하면 상처가 잘 아물지 않고, D가 부족하면 뼈가 휘어집니다.

작은 결핍이 온몸을 흔드는 것입니다.

제 기능을 위해서는 있어야 할 것이 제자리에 있어야 합니다.

왕이 없으므로 — *Absence*

사사시대 미가라는 사람은 자신의 집에 은으로 신상을 만들고, 자신의 임의대로 여호와를 섬기는 제사장을 세웠습니다. (사사기 17:1~5)

이런 일이 발생한 이유는, 왕이 없으므로 사람마다 자기 마음대로 일을 하고 있었기 때문입니다.

왕이 결핍되었을 때 어떤 일이 벌어지는지 알 수 있습니다.

> 그때에는 이스라엘에 왕이 없었으므로
> 사람마다 자기 소견에 옳은 대로 행하였더라 (사사기 17:6)

하나님께서 창조하신 인간의 모습은 하나님의 형상대로 지음 받아 보시기에 좋았고, 생육하고 번성하여 온 땅에 충만하며 모든 것을 정복하고 다스리는 존재였습니다.

하나님은 창조물과 피조물을 구분하기 위해 경계(선악과)를 두셨으나, 사단은 하와를 유혹하여 그 경계를 무너뜨렸습니다. 인간은 그 죄로 인해 결핍한 존재가 되었고, 이 **결핍을 해결해야 하는 존재**가 되었습니다.

사람은 하나님께서 창조하신 영적인 존재입니다.
하나님을 떠나서는 살 수 없도록 만들어졌기에, 하나님이 결핍하면 우리의 신앙은 건강해질 수 없습니다.

마찬가지로, 하나님이 주인인 교회에서 하나님이 결핍하면 교회도 건강해지지 않습니다.

자기 생각과 욕심이 전부가 되면 그 공동체는 곧 타락합니다.
세상의 미혹으로부터 사단의 미혹으로부터 안전하지 않습니다.

충만 _____ *Fullness*

우리는 시냇가에 심은 나무처럼(시편 1장 3절), 참포도나무에 꼭 붙어 있는 가지처럼(요한복음 15장 1~2절) 예수님 안에서 살아야 합니다.

우리의 영양소는 예수님의 말씀이며, 우리의 기준은 예수님입니다.
우리의 주인은 예수님입니다.

예수로 충만하세요!
성령 충만을 늘 사모하세요!

> 그 안에는 신성의 모든 충만이 육체로 거하시고
> 너희도 그 안에서 충만하여졌으니 그는 모든 통치자와 권세의
> 머리시라 (골로새서 2:9~10)

우리의 결핍이 예수로 채워질 때, 그리스도의 장성한 분량에 이르는 온전함을 누릴 수 있습니다. 신앙과 사역, 인생도 충만한 기쁨을 경험하게 됩니다.

"난 예수로, 예수로, 예수로 충만하네." – 〈충만〉 가사 중[8] –

---

8 〈충만〉, 손경민, 2022, 《세 번째 고백, 소풍》

#26

하나님이 사용하시는 사람
The Story of Gideon

🪶

저는 고등학교 전 학년을 마치지 못하고 자퇴했습니다.

당시 저희 가정에는 많은 어려움이 연속적으로 닥쳤고, 경제적·환경적 이유로 학업을 이어갈 수 없었습니다. 학교를 그만두고 친구들이 학교에 갈 시간에 저는 서울 용산의 오피스텔 지하에 있는 한식당에서 배달 아르바이트를 하며 살았습니다.

그런 저에게 꿈이 있었습니다.

그 꿈은 예배 가운데서 품게 된 것이었고, 학교를 그만두고 방황하던 시간 속에서도 제 안에서 사라지지 않고 조용히 자리하고 있었습니다.

저는 나만의 작품을 가진 'CCM 가수'가 되고 싶었습니다.

또 말씀을 전하고 예배 찬양을 인도하는 목사가 되고 싶었습니다.

그리고 작곡가도 되고 싶었고, 방송에도 출연하고 싶었습니다.

이 꿈은 제가 되고 싶은 것들이었지만, 동시에 하나님께서 사용하셔야 가능한 꿈들이기도 했습니다. 그러나 꿈을 이루기 위해 제가 할 수 있는 일은 아무것도 없었습니다.

전문 음악교육은 고사하고, 학교도 다니지 못한 채 고등학생의 나이에 혼자 자취하며 하루에 두세 가지 아르바이트를 해야만 하는 삶!

현실에 치여 제 꿈은 그렇게 잊혔습니다.

한참의 시간이 흐른 뒤, 몇 해 전 김해에서 열린 청소년 연합집회에 초대되어 '꿈'에 관해 설교하게 되었습니다. 집회 중 청소년들을 향해 설교하던 저는 깜짝 놀랐습니다. 설교 중에 제 꿈을 돌아보니 청소년 시절 품었던 꿈들이 정확하게 이루어져 하나님께 사용되고 있는 제 모습을 발견한 것입니다. 놀라웠습니다. 제가 한 것은 아무것도 없었습니다. 탁월함도 없었습니다.

> 내 영혼을 소생시키시고 자기 이름을 위하여 의의 길로 인도하시는도다
> 내가 사망의 음침한 골짜기로 다닐지라도 해를 두려워하지 않을 것은 주께서 나와 함께 하심이라 주의 지팡이와 막대기가 나를 안위하시나이다 (시 23:3~4)

시편 기자의 고백처럼, 저는 '사망의 음침한 골짜기'를 걸으면서도 주님의 안위하심에 대한 기대를 버리지 않았습니다. 갈등의 순간마다 하나님을 향해 선택한 것이 전부였습니다.

아직도 여전히 부족한 사람이지만, 삶의 궤적을 돌아보며 확신을 가지고 고백할 수 있습니다.

"하나님은 겸손할 수밖에 없는 사람들을 사용하십니다."

이 고백의 대표적인 성경 인물이 바로 용사로 알려진 '사사' 기드온입니다. '사사'란 백성의 부르짖음을 들으신 하나님께서 리더로 세운 하나님의 사람을 말합니다.

기드온은 밀을 타작하던 평범한 사람이었습니다.
특별한 용기가 있던 사람도 아니었습니다.
기드온은 하나님의 선택을 받고 사명을 받았음에도 용기가 없었습니다.

> 기드온이 그에게 대답하되 만일 내가 주께 은혜를 얻었사오면
> 나와 말씀하신 이가 주 되시는 표징을 내게 보이소서 (사사기 6:17)

기드온은 자신이 '사사'로 선택되었다는 사실을 확신하지 못했습니다.
계속해서 자기 능력의 한계를 고백하며, 하나님께 선택의 증명을 요구했습니다.

> 여호와께서 그에게 이르시되 너는 **안심하라 두려워하지 말라**
> **죽지 아니하리라** 하시니라 (사사기 6:23)

하나님은 계속해서 그를 안심시키셨습니다.

그러나 기드온은 여전히 연약했고, 반복해서 의심하며, 다시 하나님께 증거를 구했습니다.

> 기드온이 또 하나님께 여쭈되 주여 **내게 노하지 마옵소서**
> 내가 이번만 말하리이다 구하옵나니 내게 이번만 양털로
> 시험하게 하소서 원하건대 양털만 마르고 그 주변 땅에는 다
> 이슬이 있게 하옵소서 하였더니 (사사기 6:39)

기드온의 탁월함은 그의 재능이 아니었습니다.

기드온과 용사에게 필요했던 것은 '하나님의 말씀에 순종하는 것'이었습니다.

하나님은 기드온에게 함께할 용사를 선발하게 하셨습니다.

그리고 이렇게 명령하십니다.

> 여호와께서 기드온에게 이르시되 너를 따르는 백성이 너무 많은즉
> 내가 그들의 손에 미디안 사람을 넘겨주지 아니하리니
> 이는 이스라엘이 나를 거슬러 스스로 자랑하기를
> 내 손이 나를 구원하였다 할까 함이니라 (사사기 7:2)

우리가 잘 아는 '기드온의 300 용사'는 바로 이 기준으로 선발되었습니다. **적은 수를 선택한 것입니다.**

그 이유는 하나님이 이루신 일을 자기의 능력으로 해냈다고 자랑하지 못하게 하시기 위함이었습니다.

재능보다 헌신이 우선입니다.
재능이 헌신을 앞서면 자신을 자랑하는 교만이 됩니다.

헌신과 순종이 재능을 앞설 때, 겸손하게 '하나님의 다스리심'을 선언할 수 있습니다.

하나님의 말씀에 순종한 기드온의 고백은 달라졌습니다.

> 그때에 이스라엘 사람들이 기드온에게 이르되
> 당신이 우리를 미디안의 손에서 구원하셨으니
> 당신과 당신의 아들과 당신의 손자가 우리를 다스리소서 하는지라
> 기드온이 그들에게 이르되 내가 너희를 다스리지 아니하겠고
> 나의 아들도 너희를 다스리지 아니할 것이요
> 여호와께서 너희를 다스리시리라 하니라 (사사기 8:22~23)

하나님이 사용하는 사람은 자신의 재능을 믿고 교만한 사람이 아닙니다. 하나님은 언제나 자신의 부족함을 인정하고, 하나님께 기도하며 순종하는 사람을 사용하십니다.

저는 지금도 사역의 현장에서 날마다 한계의 상황을 마주합니다.

무엇을 선택해야 할지, 어디로 가야 할지 잘 모를 때마다 성경을 펴고, 이

렇게 기도합니다.

"하나님! 잘 모르겠습니다. 말씀해 주세요. 순종하겠습니다."

끊임없이 부정하는 것도 교만입니다.

겸손해지십시오. 진정한 겸손은 순종입니다.

하나님이 명령하시면, 순종하면 됩니다. 하나님이 나를 사용하셔서 일하십니다.

#27

동역자 *Co-Worker*

프랑스 농업공학자 막시밀리앙 링겔만(Maximilien Ringelmann) 교수는 다수의 참가자를 대상으로 줄다리기 실험을 진행했습니다.

결과는 이랬습니다.

- 1명이 당긴 무게 : 63kg
- 2명이 당긴 무게 : 118kg (93%)
- 3명이 당긴 무게 : 160kg (85%)

2명이 당기면 1명이 당길 때의 배수인 126kg이 되어야 하지만 실제로는 약 93%의 힘만 발휘되었고, 3명일 때는 85%밖에 힘을 내지 못했습니다.

이처럼 개인이 집단에 속해서 '나 하나쯤이야.'라는 생각으로 자신의 능력을 최대한 발휘하지 않는 현상을 '링겔만 효과'라고 합니다.

교회에서 맡겨진 하나님의 일, 즉 사역은 대부분 사람과의 연합을 통해 구현됩니다. 하나님은 우리가 서로 힘을 합쳐 그분의 일을 이루어가는 것을 기뻐하십니다.

> 우리가 알거니와 하나님을 사랑하는 자 곧 그의 뜻대로 부르심을 입은 자들에게는 모든 것이 **합력하여 선을 이루느니라** (로마서 8:28)

합력하여 하나님의 일을 이루어 가는 것이 바로 '동역'입니다.
'동역' 안에는 '링겔만 효과'가 작용해서는 안 됩니다.

> 진실로 다시 너희에게 이르노니 너희 중의 두 사람이 땅에서 **합심하여 무엇이든지 구하면 하늘에 계신 내 아버지께서 그들을 위하여 이루게 하시리라**
> 두세 사람이 **내 이름으로 모인 곳에는 나도 그들 중에 있느니라**
> (마태복음 18:19~20)

오히려 함께 동역할 때 하나님의 능력과 일하심이 나타납니다.

근대 기독교 선교의 큰 획을 그었던 '영국의 대각성 운동'의 시작은 건초 더미 안에서 몇몇 학생이 모여 기도한 작은 모임에서 시작되었습니다.

예수 그리스도께 선택되어 함께 사역한 제자들에 의해 복음이 전 세계에 전파되고 하나님의 교회가 세워졌습니다.

남의 노력에 편승해 힘을 빼는 것이 아니라, 되려 하나님의 능력을 힘입어 서로가 가진 능력보다 훨씬 큰 역사를 이루어 내는 것이 **'동역'**입니다.

선발 기준 _____ *Selection Criteria*

　여러분은 함께 사역할 동역자를 어떤 기준으로 선택하시나요? 그리고 나는 지금 누군가에게 어떤 동역자인가요?

　모세가 광야에서 백성의 불평과 불만을 혼자 감당해야 했을 때, 하나님께 어려움을 토로하자 그때 하나님께서 칠십 명의 장로를 세워 함께 동역하도록 명령하셨습니다.

　그들은 모세의 일을 돕는 동역자가 되었습니다.

　하나님은 어떤 기준으로 동역자를 세우셨을까요? 우리가 누군가를 사역에 초청하거나 함께 걸어갈 동역자를 선택할 때도 이 기준은 매우 중요합니다.

예배자 _____ *A Worshiper*

> 여호와께서 모세에게 이르시되 이스라엘 노인 중에 네가 알기로 백성의 장로와 지도자가 될 만한 자 칠십 명을 모아 내게 데리고 와 **회막에 이르러 거기서 너와 함께 서게 하라** (민수기 11:16)

동역자는 **하나님 앞에 함께 서 있는 사람**이어야 합니다.

동역자는 세상, 직분, 권력, 명예, 이해관계 앞에 서 있는 사람이 아니라, 오직 하나님 임재가 있는 회막 앞에 함께 서야 합니다. 동역자는 예배자여야 합니다.

동시에 나 역시 예배자여야 합니다. 함께 하나님 앞에 서서 기도와 말씀으로 하나님과 소통하는 사람이어야 합니다.

늘 하나님을 의식하고, 삶과 사역 속에서 그분의 뜻을 이루고자 하는 '예배자'가 동역자로서 서로의 조건입니다.

성령 _____ *Holy Spirit*

> 내가 강림하여 거기서 너와 말하고 네게 임한 영을 그들에게도 임하게 하리니 그들이 너와 함께 백성의 짐을 담당하고 너 혼자 담당하지 아니하리라 (민수기 11:17)

동역자는 **성령이 충만한 사람**이어야 합니다.
그런데 동역자가 성령 충만한지 어떻게 알 수 있을까요?

많은 사람이 '성령의 충만'을 직관적인 판단이나 '내재적 상태'로만 여기는 경향이 있습니다. 성령은 눈에 보이지 않기 때문에, 우리도 알지 못하는 사이에 그런 생각이 자리 잡을 수 있습니다. 하지만, 성경은 **'성령 충만'**을 **'열매'로 드러나는 가시적인 상태**라고 설명합니다.

사도 바울은 갈라디아 교회에 보낸 편지에서, 육체의 일과 성령의 일을 대비시키며, 성령의 충만함이 삶의 '열매'로 나타난다고 가르칩니다.

> 내가 이르노니 너희는 성령을 따라 행하라 그리하면 육체의 욕심을 이루지 아니하리라
> 육체의 소욕은 성령을 거스르고 성령은 육체를 거스르나니 이 둘이 서로 대적함으로 너희가 원하는 것을 하지 못하게 하려 함이니라
> **너희가 만일 성령의 인도하시는 바가 되면 율법 아래에 있지 아니**

> 하리라
> 육체의 일은 분명하니 곧 음행과 더러운 것과 호색과
> 우상 숭배와 주술과 원수 맺는 것과 분쟁과 시기와 분냄과 당 짓는 것과 분열함과 이단과
> 투기와 술 취함과 방탕함과 또 그와 같은 것들이라 전에 너희에게 경계한 것 같이 경계하노니 이런 일을 하는 자들은 하나님의 나라를 유업으로 받지 못할 것이요
> **오직 성령의 열매는 사랑과 희락과 화평과 오래 참음과 자비와 양선과 충성과**
> **온유와 절제니 이같은 것을 금지할 법이 없느니라**
> (갈라디아서 5:16~23)

상대만이 아니라, 나 자신부터 성령으로 충만해야 합니다.
'**네게 임한 영을 그들에게도 임하게 하리니.**'라는 말씀처럼,

성령 충만은 먼저 나 자신에게 요구되는 조건이며, 동시에 동역자에게도 필요한 조건입니다.
상대방과 나의 상호적 조건입니다.

동역자인 나 또한 성령으로 충만해야 하며, 함께하는 이 역시 성령의 열매를 삶으로 드러내는 사람이어야 합니다.

권한과 책임 _____ *Authority and Responsibility*

'그들이 너와 함께 백성의 짐을 담당하고'

동역자는 **함께 짐을 지는 사람**입니다.

모세와 함께 장로와 지도자로 세워질 칠십 명의 동역자들에게 중요한 임무가 부여됩니다. 바로 모세가 홀로 감당하던 '백성의 짐'을 함께 져야 했습니다.

지도자라는 권한만 부여된 것이 아니라 지도자로서의 '책임'도 부여됩니다.

성경은 지도자가 누릴 권한과 혜택을 강조하지 않습니다.
지도자가 감당해야 할 '책임'을 말하고 있다는 것을 기억하세요!

영광은 함께 누리면서 책임은 피하려 한다면, 그 사람은 진정한 동역자라 할 수 없습니다. 함께 어깨에 메고, 함께 짐을 지는 사람이 신앙의 동역자입니다.

나는 어떤 동역자인가요?

나는 하나님 앞에 함께 서 있는 **예배자**인가?
내 삶은 성령의 **열매**를 맺고 있는가?

나는 사역의 **짐을 함께 지는 책임감 있는 동역자**인가?

하나님 앞에 서서, 성령으로 충만하며, 함께 짐을 지는 동역자로 부름을 받고 있는지 돌아봅시다.

#28

반전드라마 *Reversal*

   TV 드라마 중에는 긍정적인 상황이 이어지다가 비극적인 결말로 끝나거나, 그 반대로 비극적인 상황이 전개되다가 마지막에 반전이 일어나 그 상황이 긍정적인 결말로 바뀌는 '반전' 드라마가 있습니다.

   시청자들은 긴장하며 상황을 지켜보다가 반전이 일어나는 순간 짜릿함을 느낍니다. 작가들은 이러한 감정적 동요를 잘 알기에 가장 극적인 시점에 반전을 배치합니다. 그 결과에 따라 우리는 울기도 하고 웃기도 합니다.

   성경에도 드라마보다 훨씬 짜릿한 반전이 있습니다.
   삶의 주체가 '나'에서 '하나님'으로, 능력의 주체가 '나'에서 '하나님'으로 뒤바뀌는 극적인 반전!
   다니엘의 이야기는 위기 앞에 서 있는 우리에게 강력한 희망의 메시지를 전해 줍니다.

위기의 순간,
우리는 하나님 앞에 어떻게 서야 할까요?

다니엘이 포로로 있던 바벨론의 느부갓네살왕은 어느 날 꿈을 꾸었습니다. 그 꿈으로 인해 왕은 고민에 빠져 잠을 이루지 못했습니다. (다니엘 2장 1절)
왕은 바벨론의 모든 지혜자들과 술사들에게 해석을 요구했지만 결과는 실패였습니다. 그로 인해 분노한 왕은 모든 지혜자를 다 죽이라고 명령했습니다. (다니엘 2장 12절)

이 명령으로 인해 다니엘과 그의 친구들에게도 죽음의 위기가 닥쳤습니다. 자신들의 힘으로는 도저히 벗어날 수 없는 상황에서, 다니엘은 어떻게 반응했을까요?

중보기도 — *Intercessory Prayer*

다니엘은 친구들에게 중보기도를 요청합니다.

> 이에 다니엘이 자기 집으로 돌아가서 그 친구 하나냐와 미사엘과 아사랴에게 그 일을 알리고
> 하늘에 계신 하나님이 이 은밀한 일에 대하여 불쌍히 여기사 다니엘과 친구들이 바벨론의 다른 지혜자들과 함께 죽임을 당하지 않게

하시기를 그들로 하여금 구하게 하니라 (다니엘 2:17~18)

근위대장을 설득하여 시간을 번 다니엘은 곧장 자기 집으로 돌아가 **믿음의 친구들에게** 상황에 대한 **구체적인 기도를 요청**했습니다.

중보기도를 요청했다는 것은 자신의 힘으로는 이 상황을 이겨낼 수 없음을 인정하는 것입니다. 다니엘의 중보 요청은 막연한 것이 아니라, **우선순위**(하나님께서 불쌍히 여기시길)를 정하고 **목표**(죽임을 당하지 않게)를 제시합니다.

다니엘에게 세 명의 믿음의 친구가 있었던 것처럼, 오늘날 우리도 믿음의 공동체 안에서 이런 나눔과 기도 요청이 활발히 일어나길 소망합니다.

우리는 팀으로 모여 함께 신앙생활을 하고, 사역을 감당합니다.

함께 한다는 것은 큰 복이며, 힘이 됩니다.
다니엘에게 있었던 세 믿음의 친구는 오늘날 우리에게 팀원, 친구, 교회 공동체로 나타납니다.

삶에서 위기의 순간이 찾아올 수 있고, 섬기는 사역에도 위기가 닥칠 수 있습니다. 그럴 때, 함께 하나님을 의지하며, 구체적인 목표를 세우고 '기도'하는 것이 필요합니다. 함께 기도할 때, 하나님께서는 반드시 응답하십니다.

응답 _____ *Response*

다니엘은 **응답**을 받습니다.

> 이에 이 은밀한 것이 밤에 환상으로 다니엘에게 나타나 보이매 다니엘이 하늘에 계신 하나님을 찬송하니라 (다니엘 2:19)

하나님은 다니엘에게 꿈의 내용과 해석을, 환상을 통해 보여 주셨습니다. 기도에 하나님이 응답하신 것입니다.
하나님은 다양한 방식으로 응답하십니다.

기도의 동기가 순수하고, 하나님의 뜻에 합당하다면, 하나님의 때에 반드시 응답하십니다.

이것을 믿어야 합니다.

응답에 대한 확신이 있는 기도가 바로 믿음의 기도입니다.
믿음으로 기도할 때 하나님은 말씀을 통해, 환경과 상황을 통해, 때로는 사람이나 신비한 역사를 통해 하나님의 뜻을 보여주십니다.
응답에 대한 믿음을 가지고 구하세요!
그리고 기도와 함께 성경을 읽으세요!

하나님께 영광   *Glory to God*

응답을 경험하고, 위기에서 벗어난 다니엘은 하나님께 영광을 올려드립니다.

> 다니엘이 말하여 이르되 영원부터 영원까지 하나님의 이름을 찬송할 것은 지혜와 능력이 그에게 있음이로다 (다니엘 2:20)

다니엘은 위기 앞에서 기도의 공동체를 세우고, 믿음으로 하나님의 응답을 구했습니다. 응답을 받은 후에는 그 영광을 온전히 하나님께 돌리는 삶을 살았습니다.

그에게 찾아왔던 위기는 하나님의 능력으로 포로 신분인 다니엘을 바벨론 모든 지방을 다스리는 총리로 세우는 계기가 되었고, 그의 친구들도 왕궁으로 불러들여지는 기회가 되었습니다.

'위기'는 '기회'가 될 수 있습니다.

지금 당신은 위기 앞에 서 있나요?
하나님의 능력을 경험할 '기회'라는 믿음으로 잠잠히 기도하십시오.

나에게 찾아온 위기에서 반전드라마가 시작됩니다.

#29

항행 *Navigation*

🌿

영어 단어 중 '디제스터(disaster)' 재앙이란 말이 있다.
그 어원을 보면 '사라지다'라는 뜻의 'dis'와 '별'이란 뜻의 'aster'로 구성되어 있다.
즉, 별이 사라지는 것이 재앙이라는 말이다.
나침반이 없던 옛날에는 항해할 때 북극성을 보고 방향을 잡았다.
그런데 구름이 끼거나 비가 오면 별이 보이지 않는다.
그야말로 재앙이다.

― 한근태의 『고수의 질문법』 중[9] ―

얼마 전, 한 번도 가보지 않았던 장소에 가야 할 일이 생겼습니다. 주소를 받아 들고, 습관처럼 차에 올라 내비게이션에 목적지를 입력했습니다.

---

[9] 『고수의 질문법』, 40p, 한근태, 미래의창, 2023

실행 버튼을 누르는 순간, 지도에 빨간 노선이 그려지고 음성 안내가 시작됩니다. "200m 앞에서 좌회전입니다. 목적지 부근에 도착했습니다."

지금은 내비게이션의 사용이 익숙하지만, 처음 운전을 배웠을 때는 환경이 달랐습니다. 차에 전국 지도를 비치하고, 지방의 교회나 공연장에 가야 할 일이 생기면 지도를 옆좌석에 펴놓고, 길을 찾기 위해 관계자와 계속 통화를 하며 목적지까지 도착해야 했습니다. 때로는 고속도로 출구를 잘못 나가 30분 이상 회차해야 했던 일도 다반사였습니다.

그런데, 지금은 걸어갈 때도, 모바일과 내비게이션 덕분에, 길을 찾는 일이 훨씬 수월해졌습니다.
모두 위성을 기반으로 한 항행 기술 덕분입니다.

항행(航行, navigation)이란, 항공기, 선박, 차량이 원하는 목적지에 도달하도록 운행하는 기술을 말합니다. 현재 위치 정보와 목적지까지의 경로를 계산하고, 이를 바탕으로 목적지까지 안전하게 안내하는 것입니다. 쉽게 말하면 내비게이션입니다.

오늘날 우리는 가보지 않은 미래를 향해 걸어갑니다. 신앙인으로서의 길에서도 하나님이 보여주시는 내비게이션을 따라 가면 목적지에 도착할 수 있습니다.

우리가 내비게이션을 켜고 길을 갈 때, 안내되지 않는 주변에 집중하지

않습니다. 안내되는 방향에만 집중하면 됩니다.

가보지 않은 길을 헤매지 않고 안전하게 가는 가장 좋은 방법은 가이드를 따르는 것입니다.

> 너희의 하나님이 되려고, 너희를 애굽 땅에서 인도하여 낸 자니 나는 여호와니라 (레위기 22:33)

성경 속 이스라엘 백성도 출애굽 후, 광야라는 낯선 여정을 걸어야 했습니다. 하나님은 그들에게 생존과 생명의 길을 안내하셨습니다. (레위기 18장 1~5절)

그렇다면 하나님께서 모세에게 주신 '영적 항행 시스템'의 핵심은 무엇이었을까요?

말씀 _____ *Holy Bible*

> 너희는 내 법도를 따르며 내 규례를 지켜 그대로 행하라 나는 너희의 하나님 여호와이니라 (레위기 18:4)

하나님은 우리가 가야 할 길을 말씀으로 알려주십니다.
하나님의 말씀은 우리의 삶을 비추는 영적 내비게이션입니다.
하지만 내비게이션이 GPS 신호 없이는 작동하지 않듯, 말씀도 성령의 조명 없이는 온전히 이해하기 어렵습니다.

> 우리가 세상의 영을 받지 아니하고 오직 하나님으로부터 온 영을 받았으니 이는 우리로 하여금 하나님께서 우리에게 은혜로 주신 것들을 알게 하려 하심이라 (고린도전서 2:12)

사도 바울은 성령께서 우리에게 주신 은혜와 말씀을 알게 하시기 위해 오셨다고 말합니다. 말씀은 성령의 도우심으로 묵상할 때, 그 깊은 뜻을 깨닫고 삶에 적용할 수 있습니다.

모세, 아브라함, 요셉의 삶을 보아도, 하나님은 말씀을 따라 걷는 자들을 반드시 인도하십니다.

──── **모세처럼,** 내면의 혈기가 여전히 살아 있어 내 마음 안으로 살인하며 살지라도, 때로는 광야에 던져져 기약 없는 하루를 담담하게 살아낼지라도,

──── **아브라함처럼,** 낯설고 공포스러운 환경을 마주하여, 너무 무서워 아내를 누이라고 속이는 비겁함이 있을지라도,

──── **이삭처럼,** 내가 원하는 것을 얻기 위해 이기적이고 계산적인 잔꾀로 형제 관계가 갈라지고, 쫓겨 도망하고 있을 때라도,

──── **요셉처럼,** 때로는 아무 이유 없이 미움받고, 버려지고, 억울한 상황 가운데 놓일지라도,

"네가 잘못을 돌이켜 용서를 구하고, 나를 향한 시선을 거두지 않는다면, 내가 반드시 너를 기억하고, 건져내며, 때로는 연약한 너를 통해 한 민족을, 한 가정을, 한 나라를 살릴 것이다." 라는 하나님의 약속. 바로 그것을 믿는 것이 믿음이요, 그 말씀에 따라 그리스도인의 삶을 사는 것이 바로 말씀대로 살아가는 것입니다.

성경을 읽을 때, 다음과 같이 질문하며 말씀 속 항로를 밝히십시오.

- '하나님은 이 인물에게 어떻게 말씀하셨는가?'
- '이 사건을 통해 무엇을 드러내셨는가?'
- '이 말씀이 지금 나에게 주는 메시지는 무엇인가?'

시편의 기자는 이렇게 고백합니다.

> 주의 말씀은 내 발에 등이요 내 길에 빛이니이다 (시편 119:105)

필터링 _____ *Filtering*

'규례를 지키며'

규례를 지킨다는 것은, 해야 할 것과 하지 않아야 할 것을 분별하고 구별하는 것을 의미합니다. 하나님이 원하시지 않는 것을 필터링하고, 원하시는 길을 알고 행동하는 것입니다.

레위기의 핵심은 거룩, 곧 '구별'입니다.

'정한 것'과 '부정한 것', '해야 할 것'과 '하지 말아야 할 것'을 분별하는 삶, 즉 규례를 지키는 삶이 요구됩니다.

> 그런즉 너희가 어떻게 행할지를 자세히 주의하여 지혜 없는 자 같이 하지 말고 오직 지혜 있는 자 같이 하여 (에베소서 5:15)

오늘날 우리는 '영적 필터링'이 필요합니다.
수많은 말과 정보 속에서, 성령의 도우심으로 하나님의 뜻을 분별해야 합니다.

> 우리가 이것을 말하거니와 사람의 지혜가 가르친 말로 아니하고 오직 성령께서 가르친 것으로 하니, 영적인 일은 영적인 것으로 분별하느니라 **육에 속한 사람은 하나님의 성령의 일들을 받지 아니하나니 이는 그것들이 그에게는 어리석어 보임이요,** 또 그는 그것들을 알 수도 없나니 그러한 일은 영적으로 분별되기 때문이라 (고린도전서 2:13~14)

작은 선택의 순간마다 성령은 우리 안에서 역사하셔서 옳고 그름을 분별하게 하십니다. 일상에서 하나님의 뜻을 찾으려는 영적 민감함이 필요합니다.

하나님의 자녀에게는 성령이 내재하십니다.
늘 기도하고, 하나님의 인도하심에 순종하려는 결단 속에서 살아갈 때,
갈등의 순간에도 우리 마음 안의 성령님이 걸러주시고, 선택하게 하시며, 인도하십니다.

우리의 인생은 하나님의 정확하고 실수 없는 항행 시스템 아래 있습니다. 말씀이라는 항로를 따라, 성령의 인도하심을 분별의 필터로 삼아 나아갈 때, 우리는 길을 잃지 않는 지혜로운 예배자로 살아갈 수 있습니다.

말씀을 묵상하십시오.
성령의 조명을 따라가십시오.
하나님의 북극성을 따라 항해하십시오.

예배 찬양 사역자의 항행도 마찬가지입니다.

찬양팀은 늘 하나님이라는 북극성을 바라보며 나아가야 합니다.

방향이 흐려지면, 사역은 단순한 음악 활동으로 흐르고 맙니다.

우리의 인생과 사역은 그 어떤 것보다 정확하고, 실수하지 않으시는 하나님의 주권 아래에 있습니다.

성경을 통해 신앙을 배우고, 성령의 도우심으로 사역자의 삶을 살아가십시오.

하나님이 인도하십니다.

#30

흔적 *Marks*

당신의 삶 속에서는 **예수 그리스도의 흔적**이 드러나고 있나요?

> 왕이 대답하여 다니엘에게 이르되
> 너희 하나님은 참으로 모든 신들의 신이시오 모든 왕의 주재시로다
> 네가 능히 이 은밀한 것을 나타내었으니
> 네 하나님은 또 은밀한 것을 나타내시는 이시로다 (다니엘 2:47)

다니엘은 왕의 꿈을 해석했습니다. 그 모습을 통해 왕은 다니엘 모습에서 '하나님'을 보았고, 하나님을 높이며 찬양했습니다.

사도 바울은 이렇게 고백합니다.

> 이후로는 누구든지 나를 괴롭게 하지 말라
> 내가 내 몸에 예수의 흔적을 지니고 있노라 (갈라디아서 6:17)

이것이 바로 크리스천의 모습입니다.
사역하는 우리의 삶을 통해 하나님이 보여야 합니다.
우리의 삶 속에서 예수님의 흔적이 드러나야 합니다.

다니엘이 한 일은 특별한 것이 아니었습니다. 그는 주어진 자리에서 맡겨진 일, 곧 왕이 꾼 꿈을 해석하는 일을 성실히 감당했을 뿐입니다. 그러나 그의 일함을 통해 하나님의 지혜와 능력이 드러났고, 왕도 하나님을 인정하게 되었습니다.

──────── **찬양 사역**은 크게 두 가지로 구분해 볼 수 있습니다.
- 하나의 콘티로 다양한 교회를 섬기는 순회 사역
- 다양한 콘티로 한 회중을 꾸준히 섬기는 정기 사역

교회 사역은 다양한 콘티로 한 회중을 꾸준히 섬기며, 정기적인 시간에 만나 함께 예배하는 사역입니다.
정기 사역에서 중요한 것은 사역자의 **'삶과 사역에서의 모습이 일치하는가?'**입니다.

목회자가 아무리 설교를 잘한다는 평가를 받아도, 목회 전반이나 삶에서 말씀이 드러나지 않거나 상반된 모습이 보인다면 성도들은 그 설교를 신뢰하지 못할 것입니다.

예배 찬양 사역도 동일합니다.
회중은 매주 찬양팀을 바라봅니다.

한두 번은 위선이 가려질 수 있을지 몰라도, 정기적으로 노출되는 사역에서는 삶의 실제 모습이 그대로 드러납니다.
찬양팀은 한 교회의 성도로서 다양한 교회 생활을 함께하기 때문에 인품과 태도, 신앙의 성숙함이 고스란히 드러납니다.
아무리 좋은 목소리로 아름답게 찬양해도 그 삶에서 예수의 흔적을 드러내지 못한다면 회중은 그 고백을 신뢰하지 못할 것입니다.

섬기는 찬양팀원들에게 당부하는 것이 있습니다.

"교회 안에서 성도들과 다투지 마세요."
"신앙의 중요한 신념이 아닌 문제라면, 양보하고 인내하며 섬기세요."

만약 누군가가 당신과 다툰 뒤 앞에 서서 찬양하는 당신의 모습을 본다면 상한 감정 때문에 '하나님'이 가려질 수 있습니다.

"성도들은 여러분의 교회 생활과 삶의 모습을 함께 보고 있다는 것을 명심하세요."

나로 인해 '하나님께 드려지는 찬양'이 가려지지 않도록 자기를 돌아보고 성찰해야 합니다. 그리고 날마다 간구해야 합니다.

"하나님, 사역과 삶에서 예수의 흔적을 지니게 하소서."

오늘 나는 어떤 흔적을 남기며 살아가고 있나요?
여러분의 사역 속에 '예수 그리스도의 영광'이 드러나고 있나요?

하나님께서 주신 삶의 지경과 사역의 환경 가운데 다니엘처럼 하나님을 드러내십시오. 찬양 가사의 의미를 곱씹고, 그 의미처럼 살아갈 수 있도록 애쓰십시오.

표현에도 생명을 담으십시오!
내 손이 향하는 곳, 진정성 있는 신앙인의 삶은 듣는 이와 보는 이의 마음을 움직이는 중요한 통로가 됩니다.

> 우리는 구원 받는 자들에게나 망하는 자들에게나 하나님 앞에서 **그리스도의 향기니** (고린도후서 2:15)

여러분의 연주와 찬양에서 **예수님의 향기와 흔적**이 드러나도록 자신을 겸손히 겸비해 보세요.

#31

1%의 탁월함 *Passion*

───── **하인즈 워드**를 소개합니다.

그는 2006년, 미식축구의 최고 경기인 슈퍼볼(시청자 1억 3,000만 명)의 MVP로 선정되어 미국의 영웅으로 떠올랐습니다.

하인즈 워드는 한국인 어머니와 흑인 아버지 사이에서 혼혈로 한국에서 태어났고, 어린 시절 미국으로 건너가 혼혈이라는 인종차별을 겪으면서도 한 분야의 최고 자리까지 올라갔습니다.

그의 성공에 영향을 준 것은 바로 어머니에 대한 워드의 절대적 사랑과 신뢰였습니다.

힘들어하는 아들에게 "겸손함과 따스하게 사람을 대하라."는 말을 늘 교훈으로 주었던 그의 어머니. 하인즈 워드는 그 말을 지켜나갔고, 그것은 그로 하여금 운동에 모든 힘을 집중할 수 있게 하는 긍정적 힘을 제공했습니다.

99% 실패의 환경을 극복할 수 있었던 것은
어머니에 대한 사랑을 지켜나간 1%의 탁월함 때문입니다.

────── **진수 테리**를 소개합니다.

진수 테리는 펀(FUN) 경영의 성공자로 국내에도 초청되어 강의하며 많은 사람에게 용기를 주었습니다.

젊은 시절 한국에서 의류업을 하다가 남편 '샘 테리'를 만나 미국으로 건너간 그녀는 어떻게든 성공해 보려고 일만 몰두했습니다. 그러나 7년간 일한 직장에서 해고를 당하였습니다. 그녀는 이 해고가 인종차별 때문이라고 생각하며 잠을 이루지 못했다고 합니다.

이유라도 알고 싶어 직장 상사에게 전화를 걸었더니, 상사는 이렇게 답했습니다.

"당신은 인종차별 때문에 해고당한 것이 아닙니다. 엔지니어로서 일도 잘하고 학벌도 좋지만, 너무 잘하려고 늘 긴장해 있기 때문에 당신의 얼굴에는 미소가 없습니다. 그래서 아랫사람이 당신을 따르지 않는 것이 문제입니다."

이 답변이 그녀에게 새로운 도전의 자극제가 되었습니다.

그녀는 주위에 성공한 사람들을 찾아 '마음 만들기'를 위한 새로운 인생을 개척하기 시작했습니다. 우선 표정을 부드럽게 바꾸는 연습을 했습니다. 거울을 보고, 근육 마사지를 하고, 표정 연습을 하며 혼자 억지로라도 많이 웃었습니다. 몇 달이 지나자, 무표정하던 자기의 얼굴이 다양한 표정으로 바뀌었다고 합니다.

진수 테리는 이렇게 말합니다.

"그때부터 표정만 풍부해진 것이 아니라, 국제 비즈니스 무대에서 승리할 수 있다는 자신감이 솟구쳤습니다."

절대 위기가 절대 기회로 전환된 진수 테리는 그때부터 긍정적인 마음가짐으로 나쁜 일까지도 좋은 일로 전환할 수 있었다고 합니다.

진수 테리의 1%의 탁월함은 "할 수 있다."라는 긍정적인 마음가짐이었습니다.

──────── **삭개오**를 소개합니다.

> 예수께서 여리고로 들어가 지나가시더라
> 삭개오라 이름하는 자가 있으니 세리장이요 또한 부자라
> 그가 예수께서 어떠한 사람인가 하여 보고자 하되
> 키가 작고 사람이 많아 할 수 없어
> **앞으로 달려가서 보기 위하여** 돌무화과나무에 올라가니

> 이는 예수께서 그리로 지나가시게 됨이러라 (누가복음 19:1~4)

삭개오는 누가복음에만 등장하는 인물입니다.

이방인 출신 의사였던 누가가, 복음을 처음 접하는 이들을 위해 기록하면서 당시 유대 사회에서 가장 멸시받던 세리장 삭개오를 기록에 남긴 것은 의미 있는 일입니다.

그는 부자였지만 사람들에게 외면당했고, 예수님께 다가가기에도 여러 한계가 있었습니다. 키가 작아 군중 사이에 설 수 없었고, 결국 그가 할 수 있었던 유일한 선택은 **나무에 올라 예수님을 바라보는 것**이었습니다.
삭개오는 예수님을 보기 위해 나무에 올랐습니다. 작은 열정이었습니다.

예수님은 바로 그런 열정을 가진 삭개오를 주목하시고 만나주셨습니다.
삭개오는 지금도 성경과 수많은 설교 속에 등장하는 축복받은 인물이 되었습니다.

'앞으로 달려가 보기 위하여'

삭개오는 99%가 부족한 사람이었습니다.
키, 직업, 평판 모두 단점이었지만, 그는 자신의 부족함을 인정하고 지금 자신이 할 수 있는 최고의 방법을 찾아서 노력을 다했습니다.
앞으로 달려가서 예수님을 보겠다는 작은 열정.

이 작은 열정이 바로 삭개오의 1%의 탁월함입니다.

삭개오는 예수님을 만났고, 구원을 받았습니다.

하나님께서 사용하시는 사람은 완벽한 사람이 아닙니다.
오히려 자신의 연약함을 인정하고, 하나님을 간절히 찾는 사람입니다.

삭개오처럼 우리도 연약합니다.
주위에는 실패할 이유가 가득합니다.
그 이유에 집중하면, 실패할 수밖에 없습니다.

하지만 하나님은 우리에게 가득한 99% 실패의 조건에 집중하지 않습니다. 1%의 열정과 간절함을 바라보시고, 그분의 사랑과 은혜로 99%를 채워주십니다.

신약성경에서 예수님을 만나서, 살아나고, 고침을 받고, 구원을 받았던 사람들을 보십시오.

세상의 기준으로 볼 때, 그들은 '좌절하며 인생을 마무리해야 하는' 사람들이었습니다.

그런 그들이 아주 실낱같은 희망으로, 있는 힘을 다해 예수님의 옷자락을 붙들고, 예수님을 목청껏 불렀을 때, 어떤 일들이 일어났나요?

'99% 부족해도, 1%의 믿음과 열정이 있다면 하나님은 그 삶을 들어 사용하십니다.'

> 주께서 이르시되 너희에게 겨자씨 한 알만한 믿음이 있었더라면
> 이 뽕나무더러 뿌리가 뽑혀 바다에 심기어라 하였을 것이요
> 그것이 너희에게 순종하였으리라 (누가복음 17:6)

예배 찬양팀도 마찬가지입니다.

우리는 스스로 하나님의 뜻을 이룰 수 없는 연약한 존재입니다.
노래와 연주, 재능이 비록 부족해 보여도 99%의 부족함에 매이지 마십시오.
삭개오처럼 누구에게나 1%의 탁월함은 있습니다.

1%를 붙잡고 하나님 앞에 설 때, 하나님은 놀라운 일을 이루십니다.

Prayer

하나님! 우리는 연약합니다.
스스로는 아무것도 이루지 못하는 부족한 사람들입니다.
그러나 주님을 찬양하고 싶습니다.
주님께 붙들리어
선한 영향력을 끼칠 수 있도록 사용되길 원합니다.
주님 능력의 도구로 사용되게 하고서.
예수님의 이름으로 기도드립니다. 아멘!

#32

그리 아니하실지라도
Even If He Does Not

신앙은 위기의 상황에서 빛을 드러냅니다.

> 왕이 대답하여 다니엘에게 이르되 **너희 하나님은 참으로 모든 신들의 신이시요 모든 왕의 주재시로다** 네가 능히 이 은밀한 것을 나타내었으니 네 하나님은 또 은밀한 것을 나타내시는 이시로다
> (다니엘 2:47)

느부갓네살 왕은 꿈을 해석한 다니엘을 통해 하나님을 인정하고 높이는 고백을 합니다.

> 느부갓네살 왕이 금으로 신상을 만들었으니 높이는 육십 규빗이요 너비는 여섯 규빗이라 그것을 바벨론 지방의 두라 평지에 세웠더라
> (다니엘 3:1)

그러나 그는 곧 금 신상을 세우고 자신을 신격화합니다. 느부갓네살 왕이 하나님을 경험하지 못해서가 아닙니다. 하나님에 대해 알지 못해서도 아닙니다.

이 모습은 출애굽 당시 열 가지 재앙을 경험하고도 이스라엘 백성들을 끝까지 추격한 바로 왕을 떠올리게 합니다. 하나님을 경험하고, 기적을 목격했을지라도 자기를 내려놓지 못한다면, 언제든 다시 자신의 의지대로 행동하는 완악함에 노출됩니다.

우상과 신앙 *Idols and Faith*

> 느부갓네살 왕이 노하고 분하여 사드락과 메삭과 아벳느고를 끌어오라 말하매 드디어 그 사람들을 왕의 앞으로 끌어온지라
> (다니엘 3:13)

왕은 모든 백성에게 자신이 세운 신상 앞에 절하라고 명령합니다. 그러나 하나님을 섬겼던 다니엘의 세 친구는 절하지 않습니다. 이 사실은 다른 신하들의 참소로 왕에게 알려지고, 왕은 그들을 소환합니다. 그리고, 다시 기회를 주며 이제라도 절하면 살려주겠지만 그렇지 않으면 맹렬히 타는 풀무 불 속에 던지겠다고 말합니다.

> 사드락과 메삭과 아벳느고가 왕에게 대답하여 이르되
> 느부갓네살이여 우리가 이 일에 대하여
> 왕에게 **대답할 필요가 없나이다** (다니엘 3:16)

"대답할 필요가 없나이다."

세 친구는 왕이 좋아할 만한 답을 찾지도 않았고, 뒤로 물러서지도 않았습니다. 그들은 단순히 '절하지 않겠습니다.'라고 말하지 않았습니다. 오히려 왕에게 **'대답할 가치조차 없다.'**라고 선언했습니다.

단호함입니다.

세 친구가 이토록 단호할 수 있었던 이유가 무엇일까요?
절하라는 대상이 바로 **'우상'이었기 때문입니다.**

하나님이 모세를 통해 인간에게 주신 '십계명'의 첫째와 둘째 계명을 기억해야 합니다. **'다른 신을 네 곁에 두지 말고, 우상을 만들지도, 절하지도, 섬기지도 말라.'**

여기서 우상에 대해 살펴볼 필요가 있습니다.

구약시대 이방 백성들은 나무나 돌 등으로 신상을 만들어 그것을 섬겼습니다. 그들은 그것에 이름을 붙이고, 역할과 의미를 부여하며 의지했습니다. 우상에게 절하고, 우상에게 제물을 바쳤습니다.

출애굽기에서 모세가 시내 산에 올라갔을 때, 불안해진 백성들이 모세의 형 아론에게 요구했던 것이 무엇인가요? 바로 '금송아지'였습니다. 불안을 잠재울 수 있는 '형상'이 필요했던 것입니다.

성경 곳곳에 등장하는 우상의 대표 격인 '바알'을 보면,
본래 다 신교도였던 셈족의 신 바알에 대한 호칭으로서,
히브리어 בַּעַל(바알)은 '주인'을 의미하는 가나안어입니다.

바알은 폭풍과 전쟁, 풍요를 담당하는 존재였습니다.

'폭풍(천재지변)과 전쟁, 풍요', 이 단어에서 무엇이 떠오르나요?

현실적으로, 인간의 생존에 직접적인 영향이 미치지만, 인간의 힘만으로는 통제할 수 없는 것들입니다. 그래서 사람들은 그것들을 '우상'이라는 존재를 통해 의미를 부여하고 의지하며 섬김으로써 '안심'하고자 했습니다. 인간의 어리석음입니다.

바알을 숭배하는 인간의 이러한 행동은 '창조주 하나님께서 유일하게 주권을 가지시고, 온 세상과 온 인류를 다스리신다.'라는 유일신 신앙과 정면으로 상충합니다.

쉽게 말하면, 우리의 필요에서 비롯된 '우상'과, 우리를 창조하신 '하나님'은 겸하여 섬길 수 있는 대상이 아니라는 것입니다. 하나님과는 견줄 수도, 대신할 수도 없습니다.

그러나 안타깝게도 성경에서 보듯 인간은 언제나 '우상'으로부터 자유롭지 않았습니다.

내 삶의 첫 번째 의지의 대상이 바로 '신앙'입니다.
그 대상이 '하나님이신 예수님'이라면, 우리는 '크리스천'입니다.
그러나 그 대상이 '예수님'이 아니라면, 교회를 다닌다고 하더라도, 여러 모양의 '우상'을 신앙하는 세상의 사람들과 다르지 않습니다.

어리석은 인간의 우상은 돈이나 재물 같은 '유형'의 것일 수도 있고, 고집, 경험, 쾌락, 욕심, 지성, 이기심 등과 같은 무형의 것일 수도 있습니다.

사역의 현장에서도 여전히 '우상'을 붙잡고 교회와 사역에 발을 담그는 사람들을 종종 보게 됩니다.
'하나님의 뜻'을 구하기보다 자기의 필요와 생각대로 신앙생활을 하다 보면, 어느 순간 '우상'에게 절하는 실수를 범할 수도 있습니다.

그러므로 우리는 사드락과 메삭, 아벳느고의 단호함을 배워야 합니다.
만일 우리에게도 어느 순간 '우상'이 드러나 '절할 것'을 요구한다면, 우리 역시 단호하게 외칩시다!

"우리가 이 일에 대하여 **대답할 필요가 없나이다**."

믿음의 방향 _____ *Direction of Faith*

> **그렇게 하지 아니하실지라도** 왕이여 우리가 왕의 신들을 섬기지도 아니하고 왕이 세우신 금 신상에게 절하지도 아니할 줄을 아옵소서 (다니엘 3:18)

다니엘의 세 친구는 생명을 위협하는 왕 앞에서 이렇게 선언했습니다.

"하나님께서 우리를 지켜주실 것입니다. 그러나 그렇게 하지 아니하실지라도 우리는 결코 절하지 않을 것입니다." 하나님은 그들의 선언을 들으시고, 위험의 상황에 친히 개입하셨습니다.

"하나님이 건져주실 것이다."라는 고백은 믿음의 방향이 여전히 나 자신에게 향해 있는 것입니다. 그러나 한 단계 더 나아가 "그렇게 하지 아니하실지라도"라는 고백은 믿음의 방향을 하나님께로 전환하는 것입니다.

믿음의 방향이 하나님께로 향하는 것, 이것이 참으로 중요합니다.

그 결과, 다니엘의 세 친구에게 기적이 일어났고, 그 자리에 있던 모든 사람은 세 친구를 보호하시는 하나님의 능력을 목격했습니다.

> 총독과 지사와 행정관과 왕의 모사들이 모여 이 사람들을 본즉 불이 능히 그들의 몸을 해하지 못하였고 머리털도 그을리지 아니하였고 겉옷 빛도 변하지 아니하였고 불 탄 냄새도 없었더라 (다니엘 3:27)

믿음은 내가 원하는 것이 이루어지는 것이 아닙니다.
믿음은 하나님의 뜻이 내 삶에서 이루어지기를 선택하는 겸손한 순종입니다.

믿음의 방향에 주의하십시오.
여러분은 믿음의 방향이 '하나님'께 향해 있나요?

예수님께서도 십자가의 고난과 죽음이 임박한 상황에서 이렇게 기도하셨습니다.

> 조금 나아가사 얼굴을 땅에 대시고 엎드려 기도하여 이르시되 내 아버지여 만일 할 만하시거든 이 잔을 내게서 지나가게 하옵소서 그러나 나의 원대로 마시옵고 아버지의 원대로 하옵소서 하시고 (마태복음 26:39)

우리의 완악함을 경계하며 **자기 자신을 내려놓읍시다.**

우상에 대한 **단호한 의지**를 가집시다.

하나님의 뜻이 우리에게 흘러가도록 다니엘의 세 친구와 같은 믿음의 고백이 우리의 고백이 되길 기도합시다.

하나님이 우리를 풀무불 가운데서 건져내십니다.

#33

아벨의 예배 *Abel's Worship*

맛있게 밥을 먹는다거나,

밝은 표정을 짓는다는 것은 지극히 작은 일이며,

대수롭지 않게 넘어갈 수 있다.

하지만 이 작은 일상의 일들이 때로는 큰일을 이룬다.

- 유희태의 『포용력』 중에서[10] -

성도들에게 일상처럼 반복되는 것이 무엇일까요?
바로 예배입니다.

현대교회는 예배의 홍수를 이룹니다.

---

10 『포용력』, 40p, 한근태, 미래의창, 2023

매일 새벽예배가 있고, 수요일, 금요일, 주일, 그 밖에 여러 형태로 많은 예배가 드려집니다. 이렇게 자유롭게 예배할 수 있다는 것에 감사하다가도, 너무 쉽게 만나는 예배이기에, 어느 순간 예배에 대한 의미와 가치가 희석될 때가 있습니다.

오늘날 우리가 드리는 예배는 초대교회의 전통이 적용된 예배입니다. **형식보다는 의미를 이어가는 영적 제사**입니다.

예배의 기원은 '구약의 제사'입니다. 구약에서 시작되는 제사는 예배의 본질적 의미와 가치를 잘 보여줍니다.

> 세월이 지난 후에 가인은 땅의 소산으로 제물을 삼아 여호와께 드렸고
> 아벨은 자기도 양의 첫 새끼와 그 기름으로 드렸더니 **여호와께서 아벨과 그의 제물은 받으셨으나**
> 가인과 그의 제물은 받지 아니하신지라 가인이 몹시 분하여 안색이 변하니
> 여호와께서 가인에게 이르시되 네가 분하여 함은 어찌 됨이며 안색이 변함은 어찌 됨이냐
> 네가 선을 행하면 어찌 낯을 들지 못하겠느냐 선을 행하지 아니하면 죄가 문에 엎드려 있느니라 죄가 너를 원하나 너는 죄를 다스릴지니라
> 가인이 그의 아우 아벨에게 말하고 그들이 들에 있을 때에

> **가인이 그의 아우 아벨을 쳐죽이니라** (창세기 4:3~8)

구약성경에서 제사가 처음 등장하는 것은 창세기 4장 3절입니다.

가인과 아벨은 각자의 제물을 준비해 하나님께 드렸고, 하나님은 아벨과 그의 제물은 받으시고, 가인과 그의 제물은 받지 않으셨습니다. 가인은 자기의 제물을 받지 않는 것에 화를 내고, 결국 인류 최초의 살인을 저지릅니다.

믿음의 예배 — *Faithful Worship*

왜 하나님은 아벨의 제물은 받으시고, 가인의 제물은 받지 않으셨을까요?

아벨의 제물을 이해하기 위해서는, 이 사건을 해석하고 있는 히브리서 11장 4절을 보면 그 이유가 명확해집니다.

> **믿음으로** 아벨은 가인보다 **더 나은** 제사를 하나님께 드림으로 의로운 자라 하시는 증거를 얻었으니 하나님이 그 예물에 대하여 **증언**하심이라
> 그가 죽었으나 그 믿음으로써 지금도 말하느니라 (히브리서 11:4)

아벨의 제사에 핵심은 믿음입니다.

히브리서 기자는 아벨의 제사를 설명하는 구절의 가장 앞에 '**믿음으로**'라고 선언합니다.

믿음이 중요합니다.

더 중요한 것은 **무엇을 믿는가**입니다.

아벨은 무엇을 믿었을까요?

창세기에는 가인과 아벨의 예물에 대한 차이를 자세히 설명하고 있지 않습니다. 그러나 히브리서는 예수 그리스도에 대한 믿음을 설명하기 위해 미드라쉬(히브리어: שְׁדְרָה, 영어: Midrash) 기법 즉, 구약의 인물을 소환하여 설명함으로 설득하는 기법을 취해서, 아벨의 이야기를 기록했습니다. 이를 주목해 보면 그 답은 어렵지 않게 찾을 수 있습니다.

아벨은 예물을 준비하고 드리는 과정에서, 우리의 주인이시며, 다스리시는 하나님을 믿는 믿음을 가지고 있었습니다.

그렇다면 오늘날 우리는 무엇을 믿고 있습니까?

바로 **예수 그리스도의 복음**입니다.

예수님께서 나의 죄를 대신해 죽으시고, 부활하셔서 나의 구원자이며, **나의 주인이 되셨다는 것을 믿는 것**, 그 믿음이 예배의 가장 중요한 출발점입니다.

오늘, 나는 어떤 믿음을 가지고 예배 가운데, 사역 가운데 서 있나요?

더 나은 _____ *A Better Worship*

아벨의 제사는 최선을 다한 예배입니다.

히브리서는 아벨이 '더 나은 제사'를 드렸다고 말합니다.
'더 나은'이라는 말은 최고, 최상의 의미가 아닌 최선을 다함을 의미합니다. 이 말은 '완벽한' 제사를 뜻하는 것이 아니라, 정성이 담긴 예배, 최선을 다한 제사를 의미합니다.

더 나으려고 하는 노력!

우리는 더 나은 예배를 드리기 위해 어떤 노력을 하고 있는가를 돌아보아야 합니다.
익숙한 예배당, 정해진 시간, 고정된 회중들 앞에서 '더 나은'이라는 것은 무엇일까요?

고민해 보세요!
내 신앙과 사역에 '더 나은'을 위해 나는 어떻게 서 있는가!

가치가 담긴 예물 _____ *Worth*

아벨의 예물은 하나님이 증언하시는 예물로서 가치를 지니게 되었습니다. 그의 예물은, '의로운 자'로서 하나님 앞에 증거가 된 것입니다.

하나님은 무엇을 드렸는가보다, **어떤 마음으로 드렸는가**를 보십니다.
예물은 단지 물질이 아니라, 가치가 담긴 헌신입니다.

가인은 예물 때문에 살인자가 되었지만, 아벨은 예물로 인해 '의로운 자'가 됩니다. 하나의 제사에서 둘의 가치가 달라집니다.

예배는 민감합니다.
예배는 신앙의 중요한 기준입니다.
예배를 통해 창조주와 피조물이 증명됩니다.

하나님께 어떤 믿음으로, 어떤 노력과 가치가 담긴 예물(헌신)을 드리는 가에 따라, 하나님이 증언하시는 나의 가치도 결정됩니다.

가치를 담은 헌신을 드리세요.
예물은 물질일 수도 있고, '나' 자신일 수도 있습니다.

성경은 언제나 일관되게 진술하고 있다는 점을 명심하세요!

예물은 규모가 아니라 가치입니다.

아벨의 예물과 예배는 하나님이 기뻐하시고 하나님께서 증언하신 예배였습니다. 그는 죽었지만, 그 믿음은 지금도 우리에게 말하고 있습니다.

오늘 우리가 드리는 예배와 사역도,
믿음으로 더 나은 예배를 위해 **최선을** 다하며, **최상의 가치를 담아,
준비된 예배**를 하나님께 올려 드려야 합니다.

그러면, 예배 찬양팀은 어떻게 사역과 헌신에 가치를 담아낼까요?

예배 찬양팀은 회중 찬송을 통해 하나님께 헌신합니다.
찬송은 선율에 맞춰 가사가 표현됩니다.

가사에는 '신앙'이 담겨야 합니다.

많은 찬양팀이 흔히 저지르는 실수가 있습니다.
멜로디와 연주에 집중하다 보니 가사에 의미를 담아내지 못하는 경우입니다.

가사를 표현할 때, 자기의 신앙과 내 안에 있는 감정이 담겨야 합니다.
나의 신념, 철학, 생각, 의지, 위로가 가사에 담겨 하나님을 높일 때,
나의 노래에 '찬양'이라는 가치가 담깁니다.

**그 가치를 통해 하나님은 높임을 받으시고,
우리 사역의 가치를 높여주십니다.**

사역 현장에서 여러 교회를 만나면서 보게 되는 것이 있습니다.

예배 찬양 시간에 하나님이 주시는 감동과 감격, 은혜의 고백이 넘치는 교회의 예배에는 하나님의 일하심과 사랑, 기쁨, 성령의 충만함이 가득하다는 것입니다.

예배 찬양은 단순히 본격적인 예배 전 회중들의 감정을 북돋는 '준비 찬송'이나, 성도들에게 즐거움을 주기 위한 '레크레이션'이 아닙니다.

교회와 찬양팀이 그런 가치를 담으면, 그렇게 되는 것일 뿐입니다.

예배 찬양은,

- 우리의 예배를 '인본주의적 형식'으로 전락시키려는 '악한 영'의 방해에 맞서,
- '신본주의'를 선포하고, 영적 전쟁에서의 '하나님의 승리'를 선언하는 전쟁의 '나팔'이요,
- 예배와 삶의 주인이신 하나님을 선언하고 고백하는 '예배의 서막'이고,
- '음율을 통해 성도 내면의 고백을 담아내는 영적 제물'이요,
- '최상의 가치로 최고의 주권자'를 고백하는 '진정성 있는 신앙고백'입니다.

우리의 사역에 이런 가치가 담기면, 하나님은 우리의 사역과 헌신을 증언하십니다.

"하나님이 그 예물에 대하여 증언하심이라."

†

"형제들아 나는 아직 내가 잡은 줄로 여기지 아니하고
오직 한 일 즉 뒤에 있는 것은 잊어버리고
앞에 있는 것을 잡으려고 푯대를 향하여
그리스도 예수 안에서 하나님이 위에서 부르신
부름의 상을 위하여 달려가노라"

빌립보서 3:13-14

"Be the Center"

찬양팀의 자리는
노래하는 자리가 아니라
하나님 앞에 서는 자리입니다.
그분의 음성에 먼저 귀 기울이고,
사람의 박수보다 주님의 시선을 더 의식하며,

우리가 노래하기 전에 먼저 무릎을 꿇고,
연주하기 전에 먼저 마음을 드릴 때,
예배의 중심에 하나님이 서시고
그분의 영광이 회중 가운데 임하실 것입니다.

부록

길잡이

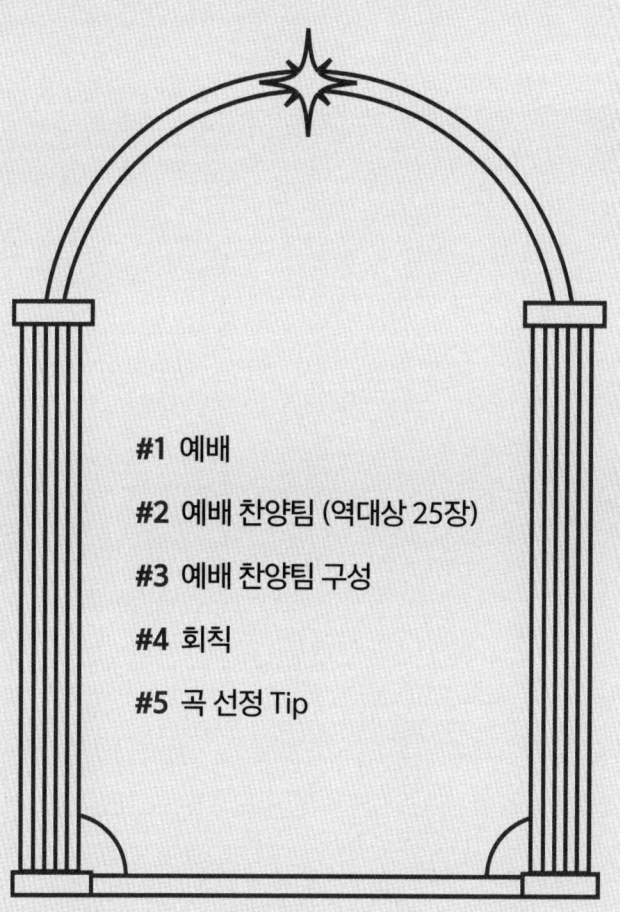

#1 예배

#2 예배 찬양팀 (역대상 25장)

#3 예배 찬양팀 구성

#4 회칙

#5 곡 선정 Tip

#01

예배

우리는 예배를 어떻게 생각하고 있나요?
정해진 시간에 참석해서 경험하는 것으로 여기고 있지는 않나요?

예배(Worship)란 '최상의 가치를 지닌 신분'에게 영광과 존경을 표하는 것을 말합니다.

욥은 자신에게 닥친 고난과 재앙 가운데에서도 하나님의 뜻과 섭리가 있음을 고백하며 하나님을 예배했습니다.

> 욥이 일어나 겉옷을 찢고 머리털을 밀고 땅에 엎드려 예배하며
> (욥기 1:20)

구약에서 '섬긴다.'라는 단어는 단지 한 순간의 섬김만을 의미하는 것이

아니라, 온 생애에 걸쳐 섬기는 삶, 즉 예배하는 삶을 내포하는 표현입니다.

여호수아는 우상을 섬기는 백성들을 향해 하나님을 향한 자기 예배의 의지를 선포합니다.

> 만일 여호와를 섬기는 것이 너희에게 좋지 않게 보이거든
> 너희 조상들이 강 저쪽에서 섬기던 신들이든지 또는 너희가 거주하는 땅에 있는 아모리 족속의 신들이든지 너희가 섬길 자를 오늘 택하라
> 오직 나와 내 집은 여호와를 섬기겠노라 하니 (여호수아 24:15)

구약의 제사는 예배의 중요한 요소입니다.

제사는 우리를 위해 대신 속죄 제물이 되실 예수님을 예표하는 행위였고, 구약의 제사는 예수님의 오심으로 완성되었습니다.

> 하나님은 영이시니 예배하는 자가 영과 진리로 예배할지니라
> (요한복음 4:24)

예배에 관한 성경의 구절 가운데 빼놓을 수 없는 구절은 단연 요한복음 4장 24절입니다.

이 장면의 배경은 당시 이방인이었던 사마리아 여인과 예수님의 대화입니다. 사마리아 여인은 예수님께 이렇게 질문합니다.

> 우리 조상들은 이 산에서 예배하였는데 당신들의 말은 예배할 곳이 예루살렘에 있다 하더이다 (요한복음 4:20)

이에 대해 예수님은 이렇게 말씀하십니다.

> 예수께서 이르시되 여자여 내 말을 믿으라 이 산에서도 말고 예루살렘에서도 말고 너희가 아버지께 예배할 때가 이르리라
> 너희는 알지 못하는 것을 예배하고 우리는 아는 것을 예배하노니 이는 구원이 유대인에게서 남이라 아버지께 참되게 예배하는 자들은 영과 진리로 예배할 때가 오나니 곧 이때라
> 아버지께서는 자기에게 이렇게 예배하는 자들을 찾으시느니라
> 하나님은 영이시니 예배하는 자가 **영과 진리로 예배할지니라**
> (요한복음 4:21~24)

영으로 예배한다는 것은 무엇일까요?

바로 성령의 충만함으로 예배해야 함을 의미합니다.

성령의 충만함이란 성령에 의해 내가 통제되는 것을 말합니다.

나의 인본적인 지식, 나의 경험, 내 생각으로 예배하는 것이 아니라, 나를 내려놓고 성령의 인도하심을 의지하는 마음으로 드리는 예배가 되어야 합니다.

진리란, 하나님께서 하시는 참된 방법, 즉, 하나님의 말씀이 중심이 되는 예배를 의미합니다.

하나님이 기뻐하시고, 원하시는 것에 집중하며 말씀을 통해 나에게 원하시는 하나님의 뜻에 '청종'하는 자세로 드리는 예배. 이것이 참된 예배자의 모습입니다.

예배는 형식이 아닙니다.

시간과 공간을 초월한 절대자 하나님을 향해, 우리 삶 전체의 헌신된 의지와 태도 그리고 가치를 드리는 것입니다.

예배는 교회에서만 드려지는 것이 아닙니다.
삶이 예배가 되고, 인생의 주권이 하나님 앞에 놓일 때, 우리가 모여서 드리는 예배는 하나님이 받으시는 예배가 될 것입니다.

우리는 예배자입니다.

CCM(Contemporary Christian Music): 현대적인 음악 형식에 기독교적 메시지를 담은 음악
Worship Song: to God. 하나님께 올려드리는 노래
Gospel Song: about God. 하나님에 관한 노래, 일반적으로 복음성가. 간증이나 복음적 메시지를 담은 곡

#02

예배 찬양팀 (역대상 25장)

여러분은 찬양팀이 언제부터 생겼는지 아시나요?

다윗은 앞으로 건축될 성전에서 여호와를 찬양할 찬양대를 조직했습니다. 찬양대는 솔로몬이 세울 성전에서 하나님을 찬양하기 위해 철저히 준비된 사람들이었습니다.

> 다윗이 군대 지휘관들과 더불어 아삽과 헤만과 여두둔의 자손 중에서 구별하여 섬기게 하되 수금과 비파와 제금을 잡아 신령한 노래를 하게 하였으니 그 직무대로 일하는 자의 수효는 이러하니라
> (역대상 25:1)

다윗은 성전에서 찬양할 레위 사람들을 구별하였고, 그 가운데 지명된 288명은 '훈련된 전문가'로 아삽, 헤만, 여두둔, 이 3명의 지휘를 받았습니다.

> 그들과 모든 형제 곧 여호와 찬송하기를 배워 익숙한 자의 수효가 이백팔십팔 명이라 (역대상 25:7)

이 찬양대는 다시 24개 조로 나뉘었으며, 다윗이 세운 찬양대의 전체 인원은 무려 4,000명이었습니다.

> 사천 명은 문지기요 사천 명은 그가 여호와께 찬송을 드리기 위하여 만든 악기로 찬송하는 자들이라 (역대상 23:5)

아무나 할 수 있는 일이 아니었습니다. 한 사람, 한 사람 철저히 지명되었고, 그 수까지 계획되어 구성되었습니다.

이 사실이 우리에게 말해주는 것은 무엇일까요?

예배 찬양 사역을 위한 팀은 철저히 준비되어야 합니다.

찬양대는 노래뿐만이 아니라, 나팔, 수금, 비파, 제금 등의 악기가 사용되었고, 이들의 연주는 하나님을 높이는 데 철저히 맞추어졌습니다.

노래하는 자와 연주하는 자는 역할이 다를 뿐, 모든 부분에서 동일하게 구별되고 훈련되어 섬겼습니다. 그들의 역할은 오직 '하나님을 찬양하는 것'에 집중되어 있었습니다.

나의 음악이 아닙니다.
하나님을 높이는 '찬양'입니다.

성전에서 음악을 담당하는 사람들은 제사장 그룹인 '레위인'이었습니다. '레위인'은 성막이 세워질 당시 모세와 아론을 도와 성막에서 하나님께 드릴 제사를 섬기도록 구별된 사람들이었습니다.

그렇습니다.
예배를 돕는 예배 사역자들은 반드시 준비되고, 훈련되고, 구별되어야 합니다. 기분에 따라, 단순히 실력이 있다고 해서, 또는 앞에 서고 싶어서 할 수 있는 일이 아닙니다.

무엇보다 먼저, 그 자신이 예배자여야 합니다.

교회의 상황과 요구에 맞추어 공동체 안에서 함께 참여할 수 있는 사람,
 하나님을 찬양하고 싶다는 사명감과 더불어, 팀의 일원으로 '예배의 찬양'을 함께 이루어가겠다는 순종과 책임의 결단이 있는 사람, 그리고 훈련을 받아들일 수 있는 겸손이 있는 사람,

그가 바로 예배 찬양팀의 사역자들입니다.

#03

예배 찬양팀 구성

선발 _____ *Recruitment*

찬양팀을 구성할 때 가장 먼저 고려해야 할 사항은 **어떤 대상과 함께 예배하는가**입니다. 찬양팀은 **회중의 거울**입니다. 따라서 참석하는 회중의 연령대를 분석하여, 그와 비슷한 연령대로 찬양팀을 구성하는 것을 추천합니다.

예를 들어 주일 11시에 드려지는 '정기예배(대예배, 공예배)'의 참여 인원의 연령대가 '청년부터 노년'까지라면, 찬양팀의 연령 구성도 '청년에서 노년'까지 포함하는 것이 좋습니다. 찬양팀과 회중이 서로에게 동질감을 느낄 때 회중의 **'집중도와 참여도'**가 더 높아집니다.

기관 사역(교회학교~청년부)의 경우에도 각 기관 내에서 자체적으로 '찬양팀'을 구성할 것을 권합니다.

찬양팀의 선발 방식에는 '수시 모집'과 '정기 모집'이 있습니다.
- 수시 모집은 교회나 팀의 사정을 고려하여 '공석'이 발생했을 때 인원을 충원하는 경우입니다.
- 정기 모집은 매년 정해진 시기에 다음 해에 사역할 인원을 모집하는 경우입니다.

모집은 '주보'나 '게시물(포스터)' 등을 활용하여, 일정 기간 '자원자'들이 '신청서'를 작성해 제출하는 방식으로 진행합니다.

지원신청서 예시

0000 교회 예배찬양사역 지원신청서

이 름		나 이	세
연락처(C.P.)		생년월일	
직 분		소 속	
사역파트	싱어( ) 악기-건반, 현·관악기(악기명 :) 베이스기타, 일렉기타, 드럼, 어쿠스틱기타		
사역가능 시간	금요심야기도회, 주일 1부, 주일 2부, 주일 3부, 상황에 따라(관계없음) * 맡은 사역시간 외 공예배의 결원이 있을 경우 보충 투입될 수 있습니다.		

본인은 000000에 지원하며 예배찬양사역자로서
훈련을 잘 받고, 하나님과 성도들 앞에 성결하고, 진실하고자 노력할 것이며,
삶으로 예배를 드려 하나님이 기뻐 받으시는 예배를 드리기 위해
항상 노력할 것을 다짐합니다.

2025년   월   일

성명 :   (사인)

0000교회 귀중

※ 해당 부분에 표기하신 후 000총무(010-0000-0000)에게
제출하시면 됩니다.

조직 _Organization_

찬양팀의 인원이 구성되었다면, 본격적인 사역을 위한 '조직'이 구성되어야 합니다. 조직을 구성할 때는 처음부터 '책임과 역할'을 명확히 구분하여 '명문화'하는 것이 중요합니다.

'조직'은 크게 수직적 구조와 수평적 구조로 구분해 볼 수 있습니다.

수직적 구조

수직적 구조는 가장 보편적인 형태로, 아래와 같은 구성의 형태를 가집니다.

이 구조의 장점은 사역의 빈도가 높거나(예: 주 3회 이상 예배 찬양 사역, 각종 행사 참여, 인원 로테이션이 이루어져야 하는 상황), 팀의 인원이 많은 경우에 효과적입니다. 전체적인 인원 관리가 수월하고, 체계적인 업무 처리가 가능합니다.

수직적 구조 조직도

─── **수평적 구조**

수평적 구조는 작은 규모의 교회나, 주 2회 이하의 예배 사역을 감당하는 경우, 혹은 앨범 제작이나 외부 사역 등을 섬기는 '음악 전문 사역팀' 등에 적합합니다.

이 구조의 특징은 전체 참여 인원이 세부 업무를 골고루 분담하고 함께 논의하여 진행한다는 점입니다.

장점은 고정된 소규모 인원으로 운영되기에 사역의 숙련도, 음악적 완성도, 안정성 등이 있습니다.

수평적 구조 조직도

예배찬양인도(콘티),
경건훈련(말씀, 기도),
팀 전체운영

#04

회칙

팀을 조직하고 운영하는 데 있어서 가장 중요한 것이 '원칙'입니다.

회칙에는 팀원의 자격, 사역, 지켜야 할 사항 등이 합의 후 기재되어야 합니다.

또한 회칙은 언제든 팀원들이 열람할 수 있도록 상시 공지되어야 하며, 필요시 협의를 통하여 개정될 수 있습니다.

회칙 예시

회 칙

<전 문>

예수 그리스도를 주로 고백하는 팀원들의 삶이 하나님 앞에 아름다운 찬양이 되게 하며, 또한 예배의 한 부분인 찬양을 대원 모두가 진정성 있게 드림으로써, 하나님께 영광을 돌리고자 ○○○교회 ○○○워십 회칙을 제정한다.

제1장 총 칙

제1조 [명칭]

○○○교회 예배를 섬기는 찬양팀의 명칭은 "○○○워십"(이하 "워십팀"이라 칭한다)으로 한다.

제2조 [목적]

워십팀은 담임목사를 도와 찬양을 통하여 예배를 섬기며, 하나님의 영광과 권능을 성도들과 온 세상 앞에 선포하며, 또한 팀원들의 믿음을 굳게 하고 교제를 통하여 주님 앞에 하나 되게 하심에 순종하는 것을 그 목적으로 한다.

제3조 [위치]

워십팀은 ○○○교회(이하 "교회"라 칭한다) 안에 둔다.

> **회칙 예시**

제2장 대 원

제4조 [워십팀의 구성]

워십팀은 ○○○교회 성도 중 팀원을 구성한다.

제5조 [자격 및 선발]

팀원은 교회에 등록된 15세~65세까지의 세례교인으로 한다. 이하 임원은 자체 규정에 의거 선정한다.

제6조 [가입]

1. 워십팀 가입을 원하는 교인은 예배 사역자 모집 기간에 신청서(별첨)를 작성하여 총무에게 제출한다. 단, 교역자 또는 팀원의 추천으로 상시 합류가 가능하다.
2. 신입 팀원은 금요심야예배(매주 금요일 저녁 19시 30분에 진행되는) 교육에 4주간 필수로 참석하며 3주간 각 팀장과의 교육을 받음과 동시에 담당 목회자의 허락에 따라 각 예배의 예배자로 세워진다.

제7조 [임무와 권리, 휴직 및 제적]

1. 워십팀의 모든 활동에 성실히 참여하여 하나님께 영광을 돌리며, 팀원은 의결권, 선거권, 피선거권을 갖는다.
2. 팀원은 회칙을 충실히 준수하여야 한다.
3. 팀원은 사정으로 인해 결석할 경우 각 팀장에게 보고하고, 각 팀장은 담당 목

회칙 예시

회자에게 보고하여야 한다.
4. 팀원은 아래 각호에 해당하는 경우 당연 제적 사유에 해당함을 원칙으로 한다.

(1) 연속으로 4주 이상 무단결석하는 경우
(2) 연간 출석율이 60% 미만인 팀원
(3) 워십팀의 명예를 실추시키거나 예배를 방해하는 팀원, 기타 사유로 워십팀 활동을 지속할 수 없다고 인정되는 팀원
(4) 상기 (1)항과 (2)항에 해당하더라도 입원, 출산, 장기출장 등 임원회에서 특별한 사유로 인정되는 경우에는 예외로 한다.

제8조 [찬양연습 및 연습장소]

1. 찬양 연습은 정기연습, 특별연습으로 구분하며, 연습 시간은 다음과 같다.

(1) 정기연습
　　주일 1부예배 : 07:20 ~
　　주일 2부예배 : 09:40 ~
　　주일 3부예배 : 13:40 ~
　　금요심야예배 : 19:30 ~

(2) 특별연습 : 교회력에 의한 절기 등의 특별행사를 위한 연습
　　필요에 따라 담당 목회자와 각 팀장들이 협의하여 특별 연습을 실시한다.

2. 연습 장소는 교회 4층 ○○홀로 하며, 시간과 장소는 사정에 따라 변경할 수 있다.

회칙 예시

제3장 임 원

제9조 [임원]

1. 워십팀의 형편에 따라 임원을 구성하되, 담당 목회자의 추천과 담임목사의 승인으로 결정한다.
2. 각 임원의 역할은 임원 회의를 거쳐 조정한다.

제10조 [임원의 임기]

임원의 임기는 1년으로 하되 연임할 수 있다.

#05

곡 선정 Tip

선곡에 있어서 가장 중요한 기준은 '회중의 고백'입니다. 회중이 함께 부를 수 있어야 합니다.

아울러, 교회 전체 회중 찬송의 흐름을 선도한다는 점에서 새로운 찬송과 익숙한 찬송, 찬송가, 워십 송(to God)과 가스펠 송(about God)의 조화가 고려되어야 합니다.

곡을 선정할 때는 음악적 특성(코드, 템포)도 함께 살펴야 합니다.

예를 들어 두 곡을 연이어 부를 때는 아래와 같이 살펴야 합니다.
- 첫 곡과 다음 곡의 화성(코드)이 어렵지 않게 연결되는가?
- 노래의 음역대가 회중이 부르기에 적합한가?
- 곡의 템포나 속도가 적절한가?

간단한 코드 분류표

코드(영어식)	조표	한국식 표기	찬양곡 예제
C	없음	다장조	먼저 그 나라와 / 하나님 아버지의 마음
Db	bbbbb	내림 라장조	주 예수보다 더 귀한 것은 없네(찬송가 94장) 내 평생에 가는 길(찬송가 413장)
D	##	라장조	목마른 사슴 / 내 평생 사는 동안
Eb	bbb	내림 마장조	예수 사랑하심은(찬송가 563장) 아 하나님의 은혜로(찬송가 310장)
E	####	마장조	존귀 오 존귀하신 주 기뻐하며 승리의 노래 부르리
F	b	바장조	나 주님의 기쁨 되기 원하네 주의 이름 송축하리
G	#	사장조	믿음으로 서리라 / 호산나
Ab	bbbb	내림 가장조	인애하신 구세주여(찬송가 279장) 내가 매일 기쁘게(찬송가 191장)
A	###	가장조	임재 / 나의 가장 낮은 마음
Bb	bb	내림 나장조	죄에서 자유를 얻게 함은(찬송가 268장) 빈들에 마른 풀 같이(찬송가 183장)

코드는 영어식 표기에서 화성(Harmony)을 의미합니다.

한국식 표기에서 플랫(b)이 붙으면 '내림'이라는 용어를 사용합니다.

자세히 보면, 영어식 표기에서 C-D-E-F-G-A-B 순으로 진행되는 것이, 한국식 표기에서는 다-라-마-바-사-가-나 순으로 진행됩니다.

이 순서를 알아야 하는 이유는, '전조'를 통해 곡 전체의 화성을 올리거나 내릴 때 필요하기 때문입니다.

위의 표는 이해를 돕기 위한 참고용입니다.

그 외에 '임시표', '전조', '단조' 등에 대해서는 별도의 학습이 필요합니다.

———— **Tip**

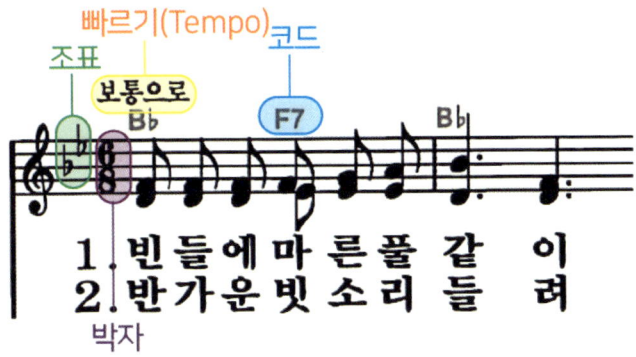

"Be the Center"

소명은 하나님의 부르심에 응답하는 것으로 시작되지만,
사명은 그 말씀에 순종하여 나아갈 때 완성됩니다.

하나님은 오늘도 우리에게 말씀하십니다.
"가정으로 가라, 학교로 가라, 세상으로 가라."
그러나 이 '가라'는 명령은 말씀을 붙들지 않으면 감당할 수 없습니다.

모세는 하나님의 말씀을 붙잡고,
돕는 손길 아론을 얻었으며, 기적의 지팡이와 사명의 확신을 받았습니다.
이처럼 말씀은 우리의 사명을 향한 길을 열어 주시고,
그 길을 감당할 능력을 공급해 주십니다.

우리는 하나님을 찬양하는 소명을 받은 사람들입니다.

에필로그

**"예배 찬양 사역의 열매는
좋은 크리스천이 되는 것이다."**

아낌없는 기도와 격려로 함께 걷는
인생의 동반자요 동역자인 사랑하는 아내 이지영과
하나님의 사람으로 멋지게 성장하는 두 아들 오한결, 오가온에게
특별한 감사의 마음을 전합니다.

– 첫 글을 마치면서 –